GUILHERME SANCHES XIMENES

FILIPE NÉRI

O sorriso de Deus

4ª edição

Conheça nossos clubes

Conheça nosso site

@editoraquadrante
@editoraquadrante
@quadranteeditora
Quadrante

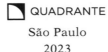
QUADRANTE

São Paulo
2023

Copyright © 1998 Quadrante Editora

Capa
Gabriela Haeitmann

Dados Internacionais de Catalogação na Publicação (CIP)

Ximenes, Guilherme Sanches
  Filipe Néri: o sorriso de Deus / Guilherme Sanches Ximenes —
4ª ed. — São Paulo: Quadrante, 2024.

  ISBN: 978-85-7465-668-7

  1. Filipe Néri, São, 1515-1595 2. Confederação do Oratório de
São Filipe Néri I. Título

CDD-282.092

Índice para catálogo sistemático:
1. Santos : Igreja Católica : Biografia 282.092

Todos os direitos reservados a
QUADRANTE EDITORA
Rua Bernardo da Veiga, 47 - Tel.: 3873-2270
CEP 01252-020 - São Paulo - SP
www.quadrante.com.br / atendimento@quadrante.com.br

SUMÁRIO

PIPPO BUONO 5

O «FRANCO-ATIRADOR» 19

O FUNDADOR 55

O SANTO 99

«ARDIA DE AMOR» 143

QUADRO CRONOLÓGICO 153

NOTAS 157

PIPPO BUONO

Florença

A velha Florença pensava que já não tinha mais nada de que se admirar. Vira Dante compendiar o mundo, do Inferno ao Céu, na *Divina comédia* e Maquiavel redigir o seu desencantado receituário para viciados em política. Fora palco da arrebatada pregação de Savonarola, que da reforma espiritual da Igreja escorregara para a do governo da cidade e terminara numa pira acesa em praça pública. Assistira ao espetáculo oferecido pelos Médici, ora guindados pela roda da fortuna aos cumes do principado, ora lançados no exílio. Vestira-se de esplendor com Michelangelo, da Vinci, Alberti e Brunelleschi. Tivera santos, heróis e gênios, e pensava conhecer tudo o que a arte, a sabedoria e o poder têm a oferecer aos homens. Mas faltava-lhe ainda experimentar uma coisa, a única capaz de reavivar os corações envelhecidos: o sorriso de Deus.

Era a madrugada do dia 21 de julho de 1515 — ano em que também nascia Teresa de Ávila — quando se ouviu o primeiro choro daquele que viria a ser chamado «o sorriso de Deus entre os homens»: Filipe Rômolo Néri. Foi batizado já no dia seguinte no famoso batistério de San Giovanni e a sua infância decorreu com toda a normalidade. Nada fazia pressentir que o sorridente filho de Francesco Néri e Lucrezia di Masciano seria uma das grandes figuras da Reforma da Igreja e um dos santos de personalidade mais marcante em toda a sua história.

Junto com as suas duas irmãs mais velhas — Caterina e Elisabetta —, foi educado num ambiente familiar de classe média modesta, com poucos meios, mas impregnado de sincera piedade cristã. Como acontece em todas as vidas, as dificuldades e tristezas vieram também bater à porta dos Néri. Filipe experimentaria essa realidade ainda criança: quando tinha apenas cinco anos, faleceram a sua mãe e o seu irmão mais novo Antônio, nascido havia uns poucos meses.

Não sabemos quase nada sobre Lucrezia, mas algo do seu amor permaneceu indelével em Filipe. «Ensinou os seus discípulos a chamar Nossa Senhora com o nome de Mamãe, que ele mesmo só pudera usar por breve tempo, e teve sempre um particular carinho e devoção pela maternidade, dolorosa no parto e dolorosa no amor»[1].

No entanto, a dor do pequeno Filipe foi suavizada por uma nova presença no lar: Alessandra di Michele Lensi, sua madrasta, demonstrou ter uma índole muito amável e afeiçoou-se desde o princípio ao menino, que lhe correspondia com grande carinho. Aliás, desde pequeno Filipe tinha tanta facilidade para querer às pessoas e conquistar-lhes o coração que em família era chamado de *Pippo buono*.

Francesco Néri, seu pai, era um homem piedoso, profundo admirador de Savonarola. Era tabelião, ofício que na época conferia um certo *status*, e podia até orgulhar-se de um brasão de nobreza do qual constavam três estrelas de ouro sobre campo azul. Tinha tudo para desenvolver uma carreira brilhante, não fosse o seu secreto amor pela alquimia, na qual investia — e perdia — todos os seus ganhos. Morreu pobre, deixando aos filhos uma herança mísera: um relógio, alguns quadros, uma toga surrada...

Um episódio ocorrido com Filipe quando tinha pouco mais de oito anos mostra-nos bem o caráter impulsivo que tinha desde pequeno. Chegava à cidade um camponês com um burrico carregado de frutas para vender. O garoto, vivo e impetuoso como era, pulou sobre o animal e esporeou-o com os calcanhares, mas a cavalgadura desequilibrou-se uns poucos passos adiante, e menino, burro e toda a mercadoria se precipitaram para dentro de uma adega. Não nos custa imaginar o quadro: frutas e verduras amontoadas e espalhadas por toda a parte, a sela de carga espatifada, o jumento tentando desajeitadamente levantar-se, um tropel de parentes e vizinhos lançando-se sobre o caótico amontoado do qual só sobressaía um bracinho... Para alívio de todos, porém, Filipe levantou-se de um salto, ileso e sorridente.

Esse era o seu natural: «Vivo, arguto, tinha já o irresistível gosto pela brincadeira, que confundia os esquemas, os preconceitos, a seriedade circunspecta, na dimensão surreal e profunda do humorismo»[2].

Cursou o equivalente ao nosso primeiro e segundo graus com os dominicanos do convento de São Marcos, e lá recebeu também a primeira formação cristã. Além disso, tinha continuamente diante dos olhos todo um catecismo ilustrado; bastava-lhe percorrer a cidade e admirar os afrescos de Giotto na igreja da Santa Croce, a catedral cuja cúpula Brunelleschi terminara havia meio século, ou as pinturas de Santa Maria Novella. Encontrava ali todo um mundo luminoso: a Virgem-Mãe tendo no colo o seu Filho; Jesus na oficina de José, ensinando a Nova Lei, curando toda a doença e toda a dor, perdoando os pecados. E os retratos dolorosos da Paixão, a agonia suprema da Crucifixão, a Ressurreição gloriosa. E os Apóstolos, e depois os santos, a levar adiante a obra divina através dos séculos e das latitudes.

Deus começava assim a falar-lhe na alma, a fim de prepará-lo para a missão que queria confiar-lhe. E o menino correspondeu com essa piedade séria e simples de que só as crianças têm o segredo.

Em 1527, quando tinha doze anos, os exércitos do imperador Carlos V, marchando para o sul a caminho de Roma, aproximaram-se de Florença. A população, aterrorizada, prevendo já uma invasão seguida de matanças e saques, refugiou-se nas igrejas implorando a Deus que a cidade fosse poupada. Quando se soube que os exércitos tinham passado ao largo, a multidão fervilhou de alegria. Baldolino, famoso pregador da época, incitou o povo a expressar a sua gratidão gritando: «Viva Cristo!», e por fim proclamou-se uma «república» da qual somente Cristo seria o «rei».

Pouco tempo depois, numa dessas reviravoltas que constituíam o pão cotidiano das cidades italianas, os Médici voltaram com forças novas, sitiaram a cidade e acabaram por retomá-la em 1532. No melhor estilo de Maquiavel — «Se for preciso reprimir, que a repressão seja rápida, intensa e terrível» —, puseram-se imediatamente a perseguir todos os seus inimigos reais ou imaginários. Os antigos simpatizantes de Savonarola e, em geral, todos os amigos das liberdades republicanas contavam-se na categoria dos «traidores»; e a ela pertencia também o pai de Filipe, embora a avançada idade e a pobreza das condições em que vivia lhe garantissem certa imunidade.

Foi nessa época que Filipe, junto com muitos dos seus compatriotas, deixou a cidade. Queria a família pô-lo a salvo dos furores do tirano? Ou simplesmente permitir-lhe fazer os seus estudos num ambiente mais sereno? Não o sabemos; o que sabemos é que, por volta dos dezoito anos de idade, o rapaz se mudou para San Germano, localidade situada a meio caminho entre Roma e Nápoles, onde o *zio* Rômolo — primo do seu pai — era um abastado comerciante.

San Germano

Filipe passou a viver como aprendiz de vendedor com o tio. Não se sabe exatamente quanto tempo durou a sua permanência ali, se poucos meses, se quase um ano... O certo é que esse período foi um dos mais decisivos para ele, pois marcou a descoberta da sua vocação.

Depois das horas de trabalho com o tio, gostava de retirar-se para algum lugar solitário, onde passava longas horas em oração. Ia com frequência à abadia de Montecassino, situada a poucos quilômetros; mas gostava sobretudo de uma minúscula capela solitária, dedicada a Cristo crucificado e construída sobre um enorme bloco de rocha incrustado numa fenda dos altos rochedos de Gaeta. Dali podia contemplar toda a imensidão do mar de um lado, e, do outro, as planícies férteis da Itália meridional, com os Abruzzi ao fundo.

Não era um simples amor romântico pela natureza o que o impelia. Pelo contrário, sentia necessidade de estar só para ler e meditar sobre o rumo a imprimir à sua vida. O que Deus esperava dele? Estava nessas encruzilhadas da vida em que é preciso decidir. Um episódio acontecido muitos anos mais tarde pode dar-nos uma ideia dos caminhos que os seus pensamentos percorriam.

Certa vez, um rapaz veio procurá-lo para conversar. Contou-lhe que estava estudando e pretendia concluir os estudos o mais rápido possível. «E depois?», perguntou-lhe Filipe. «Depois, certamente me tornarei um advogado». «E depois?». «Depois, ganharei muito dinheiro e farei o meu nome». «E depois?». «Depois, casar-me-ei e terei uma família».

«E depois?». «Bem, depois...». As respostas saíam cada vez mais lentamente e de maneira mais difícil, porque «depois»... se chega ao fim. Filipe então abraçou-o fortemente e perguntou-lhe de modo quase inaudível: «E depois?»[3]

Isso mesmo deveria passar pela sua própria cabeça nesses momentos: *E poi?* Do alto da Cruz, o Crucificado parecia atraí-lo com toda a força, ao mesmo tempo que fazia parecer tempo perdido todos aqueles anos em que não o seguira com total disponibilidade. «Convertido a Deus, chorava muito os meus pecados», diria anos mais tarde. Meditava longamente o Evangelho e alguns livros de espiritualidade, como as *Laudas*, de Jacopone da Todi, e a biografia do beato Colombini, fundador dos jesuatos.

E ali, na *Vida do beato Colombini*, encontrou três conselhos que lhe terão parecido a resposta clara às suas dúvidas: «Em primeiro lugar, falar continuamente de Jesus Cristo, do seu amor e dos grandes bens da alma — quanto mais deles se fala em voz alta, tanto mais aumenta o fervor. Em segundo lugar, dar mostras de bondade e amor a todas as criaturas, levar-lhes alegria e alimentar por elas um amor ilimitado. Em terceiro lugar, submeter-se a grandes mortificações que, libertando-nos de nós mesmos, nos tornem livres». Eram, resumidas numa casca de noz, como dizem os americanos, as grandes linhas do programa que Filipe poria em prática ao longo de toda a sua vida.

Certo dia, na solidão da capela de Gaeta, cristalizou-se nele, com transparente nitidez, a decisão de, permanecendo leigo, seguir Cristo e entregar-lhe toda a vida. Era uma entrega que nada tinha de teórico, pois se o jovem não possuía um centavo a que pudesse chamar seu, estava destinado a herdar todos os negócios do tio. Num ato simbólico, duro mas expressivo, rasgou a árvore genealógica que o pai lhe tinha presenteado: não queria que nenhum amor diferente do amor a Cristo o atasse. Ele, que sempre se mostrara obedientíssimo, não prestou a menor atenção aos insistentes rogos dos tios para adiar e reconsiderar «essa sua atitude precipitada», e partiu resoluto, para nunca mais voltar, em direção à Cidade Eterna.

O «FRANCO-ATIRADOR»

Roma

Como estava a capital italiana quando lá chegou o jovem florentino? Apenas seis anos antes, em 1527, os exércitos de Carlos V, vindos da Alemanha, tinham devastado a cidade dos Papas. Durante sete dias, assistiu-se a uma das páginas mais tristes da sua história: igrejas e conventos profanados, doentes atirados pelas janelas dos hospitais, prelados e bispos vendidos como escravos, o papa Clemente VII refugiado e praticamente feito prisioneiro no Castelo de Sant'Angelo[4]... O saldo final dessa calamidade, acrescida ainda da peste que se espalhou pela cidade no verão seguinte, foi de aproximadamente vinte mil mortos, ou seja, quase a metade da população.

Uma época de tais dificuldades propicia naturalmente a degradação física e moral do povo. Os hospitais estavam abarrotados, abundavam os órfãos e crianças de rua, e ainda cinquenta anos mais tarde, quando se instalaria num dos bairros periféricos, São José de Calasanz ficaria chocado com a falta de escolas e a ignorância do povo. Mas esses tempos de desgraça e de moralidade em queda livre atraem também aqueles que lhes trazem remédio...

No momento em que Filipe chegava a Roma, o franciscano Mateus de Baseio empreendia a reforma da sua Ordem vivendo em extrema pobreza junto com dois ou três seguidores; era o núcleo dos futuros capuchinhos. O santo franciscano Félix de Cantalice, um lavrador analfabeto que viria a ser um dos grandes amigos de Filipe, saía a pedir esmolas para o seu convento rodeado de crianças, a quem dava aulas de catecismo e distribuía doces. E pelas ruas da Urbe pululavam inúmeros outros pregadores da caridade e da reforma dos costumes, às vezes de colorido um tanto apocalíptico, como Franz Titelmans, um flamengo que, tendo abandonado as cátedras universitárias de Anvers e Lovaina, se dirigira a Roma para gritar à população: «Ao inferno os pecadores! Ao inferno os adúlteros!», mas que era de uma caridade extrema para com os incuráveis que apodreciam nos hospitais.

Chegando a Roma, Filipe foi morar na casa de um conterrâneo seu, chamado Galeotto dei Caccia. Como meio de sustento e sobrevivência, assumiu a tarefa de preceptor dos dois filhos pequenos do seu hospedeiro. Podia assim usufruir de um modesto quarto e recebia uma certa porção de trigo, que levava ao padeiro para que o moesse e transformasse em pão. Durante muito tempo, a sua alimentação cotidiana não passaria desse pedaço de pão e de algumas azeitonas.

Nesses anos, dividiu o seu tempo entre o estudo, a oração e as obras de caridade. Frequentou aulas de filosofia na universidade La Sapienza e de teologia na de Santo Agostinho, por aproximadamente um ano; mas depois acabou por vender todos os seus livros e interrompeu os estudos. Não sabemos exatamente por que o fez, uma vez que não lhe faltavam inteligência e capacidade de compreensão; tanto assim que continuaria até o fim da vida a ler assiduamente as obras de São Tomás de Aquino, acabando por adquirir um saber equivalente ao dos maiores teólogos do seu tempo. Mais tarde, viria a fazer um comentário esclarecedor sobre esse assunto: «Estudei pouco e não pude aprender mais, porque era absorvido pela oração e por outros exercícios espirituais»[5]. Com efeito, quando estudava na biblioteca dos agostinianos, Filipe deixava com muita frequência que o olhar se desviasse dos livros para pousar sobre um grande crucifixo que pendia da parede; e bastava isso para que se comovesse e chegasse às lágrimas, sem conseguir manter a atenção concentrada na leitura.

Durante mais de dez anos, dedicou a maior parte do seu tempo à oração, à leitura do Evangelho e das Escrituras, ao seu Jacopone e ao seu Colombini, à meditação da Paixão de Cristo, quer em alguma das inúmeras igrejas romanas, quer sobretudo num lugar que lhe agradava especialmente: as catacumbas de São Sebastião, onde chegava a passar noites inteiras. «Nada ajuda mais o homem do que a oração»[6], escreveria mais tarde, e foi nesses anos que esta convicção amadureceu nele.

Também estabeleceu para si o costume de visitar as chamadas «Sete Igrejas», as grandes basílicas da cristandade: São Pedro, São Paulo Extramuros, São Sebastião, São João de Latrão, a igreja da Santa Cruz de Jerusalém, São Lourenço e Santa Maria Maior. Não se tratava propriamente de uma peregrinação; de acordo com o caráter espontâneo e cálido de Filipe, era antes uma *visita* a uma pessoa querida: Cristo no sacrário dessas igrejas.

Iniciou sozinho essa prática de devoção, mas com o correr dos anos o número de participantes foi crescendo até tornar-se, por volta de 1555, um fenômeno multitudinário. No seu auge, o «clima» dessas caminhadas pela Cidade Eterna era qualquer coisa de formidável: as pessoas rezavam, cantavam, paravam para comer, descansar e ouvir alguma homilia breve, e a seguir retomavam a marcha. O percurso total exigia cerca de oito horas, o que conferia a essa prática um espírito de penitência nada desprezível. Muitas conversões e desejos de melhora de vida originaram-se desse costume, que perdura até os dias de hoje.

«Deixar Cristo por Cristo»

Filipe sentia, porém, a necessidade de exteriorizar a sua vida interior em obras: conforme a frase que ele mesmo cunhou, era preciso «deixar Cristo por vontade de Cristo», para «ir em busca do irmão, figura de Cristo»[7].

Relacionando-se com toda a gente, acabou por entrar em contato com a Companhia do Divino Amor, uma confraria fundada em Gênova por Ettore Vernaccia em fins do século XV, que se transferira para Roma em 1515. O seu objetivo era atender espiritual e materialmente os pobres, os doentes, os órfãos e os encarcerados.

Filipe passou, pois, a dedicar-se junto com os confrades de Vernaccia e muitos outros voluntários aos doentes mais miseráveis, abandonados até mesmo pelas próprias famílias, no famoso hospital de San Giacomo. Lavavam os doentes, limpavam os corredores, davam de comer aos mais incapacitados, e estavam à disposição de qualquer um que necessitasse deles. O *San Giacomo degli Incurabili* (São Tiago dos Incuráveis), como era conhecido entre o povo romano, desempenharia um papel fundamental na vida de Filipe, pois ali se entregaria denodadamente a atender os enfermos quase até o fim da vida, e para lá enviaria os seus seguidores a fazer o mesmo. Aliás, foi nesse hospital que chegou a conhecer outros santos fundadores, como Inácio de Loyola e Camilo de Lélis.

Além das obras de misericórdia, Filipe sentia ainda a necessidade de «falar sempre de Cristo, e em voz alta», a todos, como lhe ensinara o beato Colombini. Pôs-se assim a calcorrear ruas e praças, lojas de comércio e bancos, vestido pobremente com roupas de camponês — uma espécie de manto com capuz, onde sempre guardava a sua ração de pão e, muitas vezes, também um livro —, à procura de almas; mas sem assumir ares de vaticinador apocalíptico nem reunir multidões. Procurava entabular uma conversa amigável com as pessoas, falando-lhes com imenso carinho e animando-as a melhorar de conduta. Na sua boca, a religião e as coisas de Deus soavam de maneira absolutamente natural, comovedora, cativante. Quantos não foram os que ouviram aquelas suas interpelações tão características: «Vamos ver, irmão, é hoje que nos decidimos a comportarmo-nos bem?», «Então, caros amigos, quando é que começaremos a amar a Deus?»

Dessa forma, acabou por fazer amizades que durariam toda a vida. Um desses amigos fiéis foi Buon-signore Cacciaguerra, uma figura curiosa, cheia de contrastes, que também vivia em Roma nessa época. Originário de Siena, dedicara-se ao comércio, com o que adquirira um belo patrimônio e se tornara amante dos prazeres e da boa vida. Uma ferida no rosto, feita por um adversário durante uma briga, levou-o a repensar o sentido da sua existência. Com vestes penitentes, foi em peregrinação a Santiago de Compostela e depois a Roma, onde conheceu Filipe Néri. Dirigindo-se espiritualmente com ele, o *ex-bon-vivant* descobriu a vida espiritual e passou também a ajudar os doentes e pobres da cidade. Eram dois feitios completamente diferentes, mas entendiam-se às mil maravilhas: «Cacciaguerra era bizarro, um santo errante com uma chaga repugnante no rosto; Filipe, não obstante o seu estilo de vida ascético, continuava a ser sempre o florentino sensível e apreciador da limpeza, vestido pobremente, sim, mas de modo completamente diverso do extravagante andarilho»[8].

Com esse seu apostolado de *franco-atirador* de Deus, Filipe conseguiu inúmeras conversões, como a de Enrico Pietra, que se tornou sacerdote e veio a fundar a primeira escola de doutrina cristã em Roma, ou a de Giovanni Manzoli, que, permanecendo leigo, se dedicou a obras de caridade, entre elas a assistência aos condenados à morte. Obteve ainda muitas vocações para as Congregações religiosas que existiam então: os jesuítas, os dominicanos, os teatinos... Tanto que, segundo se conta, Santo Inácio de Loyola teria comentado certa vez a seu respeito que «era como um sino que chamava os outros ao estado religioso, ao passo que ele mesmo não tomava o hábito».

Com efeito, Filipe não desejava de forma alguma fazer-se religioso, embora fosse amigo de muitos autênticos santos de diversas espiritualidades e gozasse da estima de quase todas as Ordens e conventos animados pelo anseio da reforma, especialmente entre os dominicanos de Santa Maria sopra Minerva, que chegavam a imitar o seu estilo apostólico vivo e animado.

Não desejava de forma alguma prender-se a votos públicos ou privados, pois pensava que tudo devia fazer-se «em espírito e verdade e simplicidade de coração»[9]. Estimava muitíssimo quem tivesse uma vocação diferente da sua, mas considerava que Deus o tinha chamado a viver como um leigo comum.

Os caminhos de Deus

Numa das ocasiões em que fazia oração nas catacumbas de São Sebastião, no ano de 1544, ocorreu um episódio que ficou conhecido como o «Pentecostes de Filipe». Como contaria a Pietro Consolini, seu confidente no final da vida, viu naquela noite já longínqua uma bola de fogo que lhe entrava pela boca e lhe dilatava o peito com tanta intensidade que lhe pareceu que iria morrer. Caindo ao chão — tamanha era a sensação de dor, de fogo interior e estranheza diante daquele acontecimento sobrenatural —, gritou: «Basta, Senhor, basta! Não resisto mais!»

Desse acontecimento ficaram-lhe algumas consequências externas que os médicos nunca conseguiriam explicar. Uma delas, por exemplo, era uma palpitação e um tremor praticamente incontroláveis por todo o corpo sempre que entrava em contato íntimo com Deus: ao rezar, ao celebrar a missa, ao pregar... Era um tremor tão forte — como contam os que conviveram com ele — que se transmitia à cadeira ou ao banco em que estava ajoelhado. Outra consequência foi que passou a sentir continuamente um calor interior tão intenso que, mesmo nos dias mais rigorosos do inverno romano, dormia sempre com a janela aberta e saía em plena noite para rezar ao ar livre.

Além disso, ficou também com uma dilatação peitoral mais ou menos do tamanho de um punho à altura do coração. O médico Andrea Cesalpino, que fez a autópsia do seu corpo, relata: «Uma vez aberto o tórax, percebi que as costelas estavam rompidas naquele ponto, isto é, estavam separadas da cartilagem. Só dessa maneira era possível que o coração tivesse espaço suficiente para levantar-se e abaixar-se. Cheguei à conclusão de que se tratava de algo sobrenatural [...], de uma providência de Deus para que o coração, batendo tão fortemente como batia, não se machucasse contra as duras costelas. Assim Filipe pôde viver com essa afecção até tarda idade»[10].

Ludwig von Pastor, o famoso historiador do papado, um luterano convertido, compara o Pentecostes de Filipe aos estigmas recebidos por São Francisco de Assis três séculos antes[11]. Também Santa Teresa de Ávila, conforme se constatou depois da sua morte, tinha o coração enormemente dilatado: tem-se a impressão de que Deus se divertiu, no caso desses santos que o amaram com tanta intensidade, em imprimir-lhes na carne o que já traziam escrito na alma.

Filipe ocultou praticamente durante toda a vida esse episódio, que só se divulgou depois da sua morte. Aliás, como todos os místicos, tinha acentuada aversão pelos falsos misticismos. Sempre prático e de um sólido bom-senso, confiou desde cedo a orientação da sua vida espiritual aos cuidados de outra pessoa, porque sabia como é fácil para qualquer um perder-se nos meandros do seu labirinto interior. E inculcou sempre nos seus discípulos a importância da direção espiritual para todo aquele que quisesse seguir o caminho da imitação de Cristo.

O seu primeiro diretor espiritual e confessor foi Persiano Rosa, que conheceu já nos primeiros anos em Roma. Esse fraternal amigo teve uma influência decisiva na sua vida pelo menos em dois momentos especiais. Em primeiro lugar, levou-o à Confraria da Caridade, mais uma sociedade que se ocupava da atenção dos pobres e doentes. Essa confraria reunia-se na igreja de San Girolamo, que recebeu por isso o nome de *San Girolamo delia Carita* (São Jerônimo da Caridade), e que permanece até hoje. Filipe moraria nesse lugar por muitos anos, e ali nasceria a sua obra principal: o Oratório.

O segundo momento em que Rosa mudou radicalmente o rumo da vida de Filipe foi quando o forçou a ser sacerdote. Dizemos «forçou» porque essa é a verdade, como se vê claramente em alguns dos depoimentos colhidos durante o seu processo de canonização: «Tornou-se sacerdote por força». Ele próprio dissera muitas vezes que «gostaria de servir a Deus como leigo e não queria ser sacerdote nem confessor»[12]. No entanto, obrigou-se a seguir a opinião daquele que conhecia a sua alma e obedeceu. Depois de rápidos estudos — já vimos que continuara sempre a ler sobre teologia por conta própria —, celebrava a sua primeira missa no dia 23 de maio de 1551, na igreja de San Tommaso in Parione. E a partir daí tornou-se um dos sacerdotes mais dedicados à sua tarefa pastoral de que Roma jamais teve notícia.

É preciso dar o devido valor a esse seu gesto de profundo senso sobrenatural, que soube enxergar, num conselho que contrariava totalmente as suas inclinações e o inteiro teor de vida que levara até aquele momento, o dedo do Espírito Santo. Tenhamos em conta que Filipe sempre agira, em consciência, com um único fim: cumprir a vontade de Deus. Deus encaminhara-o para uma vida de oração e de serviço como simples leigo, e ele procurara ser-lhe fiel em tudo; e agora, depois de dezoito anos, «desdizia-se» por boca de um representante seu! Estranhos caminhos de Deus!

A sua fé e o seu desprendimento da própria vontade ressaltam com especial clareza se os compararmos, por exemplo, com os de um contemporâneo seu que morrera em 1536: Erasmo de Rotterdam. Este homem brilhante, intelectual de primeira categoria, também tinha recebido as ordens sacras a contragosto, por pressão dos seus tutores; em nenhum momento, porém, se dispôs a corresponder à graça e às exigências do sacramento: durante toda a sua vida, celebrou apenas uma única missa, e nunca ouvia confissões.

Numa época em que semelhante comportamento, até da parte de altos prelados e cardeais, não era raro, não chegou a causar escândalo. E é bem verdade que Erasmo pôs toda a sua brilhante inteligência a serviço da reforma da Igreja, refutando os escritos de Lutero e castigando, com a sua ironia corrosiva, os vícios que afligiam o clero. Mas não soube aliar o senso sobrenatural à lucidez humana, e por isso é difícil avaliar se fez mais bem do que mal à causa do cristianismo autêntico. O seu *Elogio da loucura*, única obra que lhe sobreviveu, por mais bem-intencionado que fosse, tem servido há séculos para alimentar preconceitos anacrônicos e mal-intencionados contra a Igreja.

O contraste entre Erasmo e Filipe ilustra claramente a diferença que há entre o *sábio* e o *santo*. Por um lado, o homem dotado de grandes talentos, que os põe a serviço da causa de Deus, mas é incapaz de superar a lógica meramente humana para atingir o patamar da fé sobrenatural. Por outro, o homem, muito ou pouco talentoso, mais ou menos bem dotado, que corresponde a um querer de Deus, ainda que contrário às suas inclinações e aos seus raciocínios, e assim atinge uma união com o Senhor que o torna participante da eficácia sem limites do Espírito Santo.

O confessor

Nas proximidades da Piazza Farnese, há uma pequena igreja à qual já nos referimos: San Girolamo. Ao seu lado, existe um edifício onde, em meados do século XVI, residiam somente clérigos seculares que se dedicavam ao cuidado dos pobres mais miseráveis, dos doentes e também dos condenados à morte. A partir da sua ordenação, Filipe passou a morar nessa casa, que se adaptava muito bem ao seu modo de ser: os padres não eram religiosos, não estavam submetidos a uma Regra, não faziam votos e cada um tinha de conseguir o seu próprio sustento. Na verdade, aliás, a confraria distribuía um escasso estipêndio a cada sacerdote, mas Filipe recusou-se a recebê-lo para poder servir sem nenhuma remuneração. Identificou-se tanto com o estilo de vida de San Girolamo que ali residiu por trinta e dois anos.

Além das obras de misericórdia e das práticas de piedade que já comentamos — a oração nas catacumbas, a visita às Sete Igrejas, etc. —, houve ainda outra piedosa devoção que, surgida em Milão, foi introduzida em Roma por Filipe, mesmo antes de fazer-se sacerdote: a prática das Quarenta Horas. Várias pessoas reuniam-se no primeiro domingo de cada mês e faziam turnos ininterruptos de oração diante do Santíssimo Sacramento durante quarenta horas. Filipe era o encarregado de avisar quando terminava o horário de um para começar o de outro, e sempre o fazia com estas palavras: «Irmão, a hora de fazer oração acabou, mas o tempo de fazer o bem ainda não».

Depois de ordenado, continuou como antes na sua incansável dedicação a Deus e aos homens. Era realmente comovente o amor que tinha à Eucaristia e à Santa Missa. Celebrava-a todos os dias, o que era algo insólito para a época, mesmo entre sacerdotes zelosos. E preferia, sempre que possível, fazê-lo ao meio-dia. Essa preferência não se devia ao desejo de passar a manhã dormindo ou ocupando--se das outras atividades que tinha; fazia-o porque assim podia celebrá-la quase sozinho e dispunha de mais tempo para estar com o Amor da sua vida. E também porque dessa forma os outros não veriam as palpitações que tinha quando se comunicava com Deus tão de perto. Tremiam-lhe tanto as mãos e todo o corpo que tinha que apoiar os cotovelos sobre o altar para não derramar o cálice durante a consagração. Todos os que o viram alguma vez celebrar a missa jamais o esqueceram.

Um epíteto que com toda a justiça poderíamos dar a Filipe é o de «apóstolo da confissão». Aquilo que o Cura d'Ars representou para o século XIX, Filipe Néri representou-o para a Renascença. Foram literalmente dezenas de milhares as pessoas perdoadas, consoladas e animadas naquele confessionário a que Filipe se dirigia logo no primeiro momento da manhã.

Nos começos, ainda tinha alguns momentos livres e podia de quando em quando desenferrujar as pernas e desentortar as costas ao longo do dia, levantando-se e caminhando pela igreja enquanto lia um livro ou rezava o terço à espera dos penitentes. Quando chegava algum, punha-se inteiramente à sua disposição. Aos mais frequentes, mostrava-lhes o lugar onde poderiam encontrar a chave da igreja quando ela estivesse fechada, para que pudessem vir a qualquer momento, até nos mais inconvenientes, e ser atendidos.

Em breve a sua fama espalhou-se por toda a Roma. Diz-se que, tal como o santo confessor francês do século passado, Filipe via os pecados das pessoas antes mesmo de se acusarem deles. E usava esse dom não para recriminá-las, mas para facilitar-lhes a acusação das suas faltas. Muitos se aproximavam temerosos e envergonhados do confessionário, e então Filipe os ajudava: «Você fez isto, não foi?... E também aquilo, não é mesmo?... E está pensando tais e tais coisas...» Poupada da vergonha de ter de relatar as suas barbaridades, a pessoa saía compreendida e reconfortada.

É conhecida a história de um certo Raffaele, jovem brilhante, mas depravado, mais amante do prazer e das lides de guerra que das coisas de Deus, que foi levado a San Girolamo por um amigo para confessar-se. Não querendo contrariar o amigo, o jovem ajoelhou-se no confessionário diante de Filipe e começou a narrar umas quantas historietas mentirosas. Percebendo-lhe a falsidade, o santo tomou-lhe a cabeça entre as mãos e encorajou-o a falar a verdade, a abrir a alma e a confiar em Deus. Raffaele sentiu o chão fugir-lhe debaixo dos pés, mas relatou toda a sua vida e converteu-se. Depois fez-se capuchinho e levou uma vida penitente até o fim dos seus dias.

Conta-se também que, noutra ocasião, veio confessar-se um homem cujo arrependimento não era sincero. Filipe percebeu-o, mas não teve nenhuma palavra de reprovação. Apenas disse ao homem que o desculpasse, pois tinha de sair para fazer uma pequena tarefa, mas que voltaria dentro de uns instantes, e deixou-lhe nas mãos um crucifixo. Enquanto esperava, o penitente lançou um olhar de esguelha para o crucifixo e logo desviou o rosto; mas, confuso, voltou a olhá-lo, desta vez mais demoradamente; a seguir, ainda outra vez, até que não conseguiu mais tirar os olhos dele e se arrependeu de todos os seus pecados. Filipe regressou e limitou-se a ouvi-lo e a dar-lhe a absolvição.

Dirigia as almas com profundo sentido sobrenatural e extremo bom senso — além de senso de humor, muitas vezes. A um homem rico que, depois da confissão, se propunha fazer grandes penitências, indicou-lhe que, em vez disso, desse muitas esmolas; a uma moça que se mostrava deprimida, mandou-a procurar um bom marido; a uma senhora de saltos altos que lhe pedia conselho, só recomendou que tomasse cuidado para não cair...; e a outra ainda, que se acusou repetidas vezes de maledicência, deu-lhe como penitência que fosse depenando uma galinha pela estrada e que depois voltasse recolhendo as penas, para que lhe entrasse pelos olhos que é isso o que acontece quando se calunia alguém: a falsidade espalha-se e é difícil devolver a boa fama.

Como já dissemos, Filipe não se dedicava a bradar em praça pública contra os vícios dos seus concidadãos. Preferia atingir o coração das pessoas uma a uma, falando-lhes com carinho e ternura. Numa ocasião, por exemplo, um jovem rico, ostentando uma enorme gola engomada à moda do seu tempo, foi conversar com ele e ouviu-lhe a seguinte resposta, simples e afetuosa: «Gostaria muitíssimo de abraçá-lo, mas tenho medo de ferir-me»[13].

Filipe sabia como era importante pôr as almas frente a frente com a verdade, mas fazia-o com extrema delicadeza e senso de oportunidade. Em certa ocasião, uma freira comentou-lhe que se sentia deprimida e pensava que não haveria salvação para ela. «Não — respondeu-lhe

Filipe —, digo-lhe que você está destinada ao Paraíso, e lhe demonstro. Diga-me, por quem foi que Cristo morreu?». «Pelos pecadores». «Exatamente. E você, o que é?». «Uma pecadora». E Filipe tirou a conclusão: «Portanto, o Paraíso é para você, desde que se arrependa dos seus pecados». E assim essa freira libertou-se definitivamente da sua depressão [14].

Via na confissão não tanto um tribunal, severo, mas sobretudo uma demonstração do amor misericordioso de Cristo, e tratava todos os penitentes com imensa paciência e compreensão. Costumava dizer que «ser misericordioso com os que caíram é o melhor meio para não cairmos nós mesmos» [15]. E um dos seus mais assíduos «frequentadores» comentava: «Esse santo sacerdote tinha uma graça particular de Deus, pela qual conseguia atrair a si o coração das pessoas. E ainda que fosse extremamente severo consigo mesmo em tudo, para com os outros só demonstrava amor, confortando-os e compreendendo-os»[16].

Mais tarde, recomendaria aos seus discípulos sacerdotes que tivessem a mesma atitude: «Esforçai-vos sempre por conquistar os homens com a benevolência e com o amor de Cristo, tendo toda a compreensão possível com as suas fraquezas, e procurai de modo particular fazê-los compreender o amor de Deus, a única coisa capaz de realizar grandes transformações»[17] no coração humano. E aconselhava aos confessores e diretores espirituais: «É somente pela bondade que se deve tentar infundir nos homens, muito lentamente, um pouco do espírito de amor a Deus, porque é isso que produzirá neles, por si mesmo, aquilo que o confessor pretendia alcançar»[18].

O famoso cardeal Newman (1801--1890), profundo admirador de Filipe e da sua obra — tanto que, já em idade madura, fundou um Oratório em Birmingham, no qual viveu durante os seus últimos anos —, comenta num sermão a respeito do santo confessor: «Desenvolveu a sua tarefa na sua própria casa, no coração da cristandade. E fê-lo não tanto por meio da pregação da fé, mas sobretudo pela renovação interior; e o meio de que lançou mão para converter as almas não consistia no Batismo, mas na Penitência. O confessionário foi a sede do seu apostolado, ouvir as confissões o seu carisma particular. Assim como Francisco Xavier batizou milhares de pessoas, também Filipe operou a renovação de milhares de almas; durante quarenta e cinco anos, a cada dia e quase a cada hora, ensinou, encorajou e indicou aos pecadores o caminho estreito da salvação»[19].

Tentações e implicâncias

Diante das inúmeras conversões obtidas no confessionário, era «natural» que o demônio se sentisse incomodado e voltasse as suas armas contra Filipe.

Em certa ocasião, logo nos primeiros anos do seu sacerdócio, a tentação ganhou um nome próprio: Cesárea. Havia em Roma uma jovem desse nome, dessas que os franceses costumavam chamar «mundanas», e que parecem não ter limites no seu exibicionismo. Afirmava ela que ninguém conseguia resistir à sua beleza, e, como lhe referissem o nome de Filipe como o de um santo incorruptível, resolveu pô-lo à prova.

Estava Filipe no seu confessionário quando vieram chamá-lo, dizendo-lhe que a tal senhora estava à beira da morte, e que precisava confessar-se imediatamente. O sacerdote dirigiu-se sem demora à casa dela. No entanto, ao entrar no quarto, percebeu imediatamente — pelas vestes da mulher, ou melhor, pela ausência delas — a armadilha em que tinha caído. Sem pensar duas vezes, virou-se e correu escada abaixo. Ao ver frustrado o seu plano, Cesárea ainda pegou um banquinho que estava próximo à sua mão e arremessou-o na direção de Filipe, que escapou por um triz.

Quanto a uma outra armadilha desse mesmo estilo que lhe prepararam, trancando-o numa sala com duas mulheres de má vida, só sabemos o que comenta Antônio Gallonio, o primeiro biógrafo do santo: «O Senhor ajudou-o a superar também essa tentação, e com isso ele saiu vencedor, as mulheres estupefatas e o diabo desconcertado»[20].

O que fica claro nesses episódios é que Filipe sabia como é importante, em matéria de tentações, não sobrestimar as próprias forças. Sabia quanto valia a sua alma redimida por Cristo, e por isso fugia a todo o vapor das ocasiões de pecado. «Na guerra pela pureza só vencem os covardes, isto é, aqueles que fogem»[21], costumava afirmar com energia.

Vencido nesse campo, o diabo empregou a estratégia de costume: enveredou pelo caminho da perseguição. Nunca lhe faltam neste mundo pessoas que, por inveja ou por ressentimento, se prestam com gosto a desempenhar o papel de seus auxiliares.

Desde que se mudou para San Girolamo e a sua dedicação ao confessionário começou a atrair pequenas multidões, dois clérigos que lá moravam, egressos de certas Ordens religiosas, puseram mãos à obra, de conluio com um dos administradores leigos da residência, Vicente Teccosi. Como lhes tinha sido confiado o encargo de cuidar da sacristia, tiveram muitas ocasiões de submeter Filipe às mil e uma chicanas e rasteiras que as imaginações ressentidas são tão férteis em imaginar. Conhecendo o imenso amor que o santo tinha pela Eucaristia e o seu apreço pela limpeza em todas as coisas, reservavam-lhe os piores e mais sujos paramentos para a missa; ou escondiam a chave da igreja, ou então o cálice, precisamente no momento em que ia celebrar. Se Filipe lhes pedia alguma coisa, batiam-lhe com a porta na cara ou respondiam-lhe grosseiramente. E não perdiam ocasião alguma para caluniá-lo e difamá-lo pelas costas, o que evidentemente lhe valeu um sem-número de pequenas incompreensões e friezas por parte dos outros habitantes da residência.

Esse tipo de tratamento, se não parece coisa de grande monta, é no entanto terrivelmente cansativo quando se repete dia após dia e mês após mês: é como a famosa tortura chinesa da gota, capaz de enfraquecer qualquer disposição de ânimo, por vigorosa que seja. Com efeito, se Filipe pareceu suportá-lo com infinita paciência, sabemos por um confidente que chegou a um ponto em que não aguentava mais. «Bom Jesus, por que não me escutas?, rezava. Peço-te tanto, e há tanto tempo, que me dês paciência! Por que não me escutas?» E ouviu na sua oração: «Pedes-me que te dê paciência? Mas se é justamente esta a estrada que tens de percorrer para ganhá-la!»[22]

Por fim — ao cabo de uns dois anos — a sua paciência acabou por triunfar. Diante da sua constante amabilidade, ambos os sacristães se converteram e retornaram aos seus conventos; e o próprio Teccosi, que era a «eminência parda» dessas perseguições, pediu-lhe perdão publicamente e passou a ser um dos seus mais próximos seguidores[23].

O FUNDADOR

Um grupinho alegre

É difícil separar a história das instituições da Igreja da história pessoal dos seus fundadores. Esses homens e mulheres dedicaram-se de corpo e alma às suas obras e acabaram por fundir-se numa única e mesma coisa com elas. Foi o que aconteceu também com Filipe.

O confessionário permitiu-lhe conhecer muita gente, além dos seus antigos amigos, e ele sentia a necessidade de formá-los mais amplamente do que nos breves momentos de que dispunha para aconselhar cada um. Por sua vez, os seus penitentes experimentavam igualmente fortes desejos de encontrar-se com ele por mais tempo e de uma maneira mais informal, para poderem absorver melhor o espírito que sentiam palpitar nas suas curtas indicações.

Passaram, pois, a reunir-se no começo da tarde no próprio quarto de Filipe, em San Girolamo, para conversar sobre temas espirituais. Filipe sentava-se na cama, porque não havia cadeiras suficientes para todos. Uns perguntavam-lhe como deviam agir em determinadas circunstâncias, outros referiam episódios apostólicos — um amigo que se convertera, um conhecido que pedira para vir confessar-se —, outros ainda pediam-lhe que esclarecesse algum episódio do Evangelho. O santo falava-lhes com total simplicidade, servindo-se sempre de casos e temas concretos, sem nada que lembrasse a afetação e os recursos retóricos tão em voga na pregação desse tempo. Mas punha nas suas palavras um ardor que «acendia neles de modo maravilhoso o amor a Cristo — conta Gallonio —, e sobretudo esforçava-se por infundir neles o desejo de fazer oração, de aproximar-se com mais frequência dos sacramentos e de pôr em prática o amor ao próximo»[24].

Antes mesmo de que se desse alguma estrutura a essas reuniões, o ponto central era sempre a leitura e o comentário de algum livro espiritual. Era o que se chamava *ragionamento sopra il libro*. O livro era, em primeiro lugar, é claro, a Sagrada Escritura — particularmente o Evangelho de São João —, e depois os dois clássicos tão caros ao coração de Filipe: o beato Colombini e o Jacopone da Todi. Além desse debate sobre um livro, havia outras práticas ao longo da reunião, todas elas incentivadas por Filipe e realizadas sob a sua orientação e o seu olhar paternal: algum dos participantes contava um episódio da história da Igreja ou da vida dos santos, outro falava sobre uma virtude ou uma questão de doutrina e, mais tarde, começaram também a cantar algumas músicas.

Com efeito, uma das tradições que se criou aos poucos foi a da música. Filipe apreciava-a muito, e a própria época se prestava de maneira especial ao desenvolvimento dessa arte. Muitos dos que frequentavam as reuniões eram compositores, músicos ou cantores, e era comum que elas se encerrassem com belas melodias polifônicas cantadas a plenos pulmões. Giovanni Animuccia (1500-1571) e Giovanni Pierluigi da Palestrina (1526--1594) foram alguns dos grandes talentos musicais que se confessavam com o padre Filipe, e as suas músicas passaram a fazer parte do repertório habitual daqueles encontros.

Depois da reunião, todo o grupo saía para atender os doentes num dos hospitais que Filipe conhecia tão bem;

ou então ia simplesmente passear pelo Gianicolo, de onde ainda hoje se tem uma bela vista da Urbe; ou fazer uma visita ao Senhor sacramentado em alguma das inúmeras igrejas de Roma. Na volta, sempre restava em torno do sacerdote um grupo de fiéis especialmente íntimos, que se reunia ainda por algum tempo em oração. «O padre orava — conta Grazzini —, e podíamos ver como isso o absorvia. [...] Mesmo que a oração durasse uma boa hora, o tempo voava, e ali teríamos ficado com gosto a noite inteira, tão grande era a alegria que experimentávamos ao seu lado»[25].

Com o tempo, o quarto de Filipe tornou-se pequeno demais, e foi necessário transferir os encontros para uma capela lateral da igreja de San Girolamo, especialmente adaptada para esse fim. Era o «Oratório», como lhe chamou Filipe, e dessa designação viria o nome da futura Congregação. Isso foi em

1557, ou seja, apenas seis anos depois da ordenação do santo.

Esboçavam-se assim as grandes linhas do que viria a ser a sua fundação, embora não lhe passasse pela cabeça, nem por um momento, fundar fosse lá o que fosse. Sempre voltado para o concreto, simplesmente via nessas práticas uma maneira de melhorar a formação daqueles jovens e estimular-lhes o zelo apostólico. É interessante observar que todos os participantes, exceto o próprio Filipe, eram leigos, e que somente alguns viriam a ordenar-se anos mais tarde.

«Mesmo no meio da multidão podemos estar na estrada que leva à perfeição»[26], insistia Filipe, fiel à inspiração que o orientara na juventude. E, na verdade, todo o seu afã consistia em tornar a vida espiritual «tão familiar e doméstica que se fizesse acessível e atrativa a todas as classes sociais. Todo o homem, prescindindo do seu teor de vida ou da sua situação, quer na sua casa, quer na sua profissão, tanto dignitário eclesiástico como leigo, cortesão ou pai de família, instruído ou não instruído, até nobre ou não nobre, comerciante ou artesão, verdadeiramente todo o homem passava a ser capaz de ter uma vida espiritual»[27].

Por outro lado, impressiona comprovar quanto significaram para a renovação da Igreja essas reuniões aparentemente tão simples e tão informais! Em breve, participavam delas algumas das personalidades do tempo, intelectuais, bispos e cardeais, entre eles os futuros papas Gregório XIII e Clemente VIII. O influxo dos modos francos e simples de Filipe sobre o «estilo» do clero italiano far-se-ia notar de forma duradoura, como escrevia ainda o cardeal Newman. E, através da doutrina espiritual de São Francisco de Sales e São Vicente de Paulo, o calor e a familiaridade com que Filipe pregava e comentava o Evangelho, bem como a sua preocupação pela santidade do homem comum, chegariam até aos nossos dias.

Os primeiros seguidores

Desde o sapateiro Stefano até o príncipe Salviati — sobrinho de Catarina de Médici, que chegara a Roma acompanhado de um numerosíssimo e pomposo séquito —, desde o médico e escritor Módio ao siciliano Tomaso, todo o tipo de gente seguia Filipe. Falemos, porém, mais detidamente apenas de dois dos principais entre os seus companheiros, dois desses primeiros seguidores que lhe foram fiéis até o fim da vida e que vieram a ser peças-chave na história do Oratório.

Francesco Maria Tarugi era um deles. Vinha de uma família aristocrática e possuía uma inteligência aguçada e modos exemplares. Era o que poderíamos chamar um *gentleman*. Com todos os seus talentos, chegou a ser um dos mais apreciados pregadores do Oratório. Filipe tinha-lhe muito carinho e, percebendo essas características suas, temia que se deixasse levar pela soberba. Por isso, submetia-o a algumas mortificações humilhantes a fim de levá-lo a rebaixar o conceito que tinha de si. Por exemplo, fazia-o caminhar pelas ruas levando por uma coleira outro «fiel companheiro» de Filipe, o cão *Capriccio*, que «adotara» espontaneamente o santo, recusando-se a voltar ao seu dono anterior. Na época, semelhante tarefa era considerada como uma ocupação exclusiva de servos e, portanto, muito depreciada. É preciso dizer, porém, que o próprio Filipe se submetera muitas vezes a essa espécie de humilhação pública.

Impelido pelo seu espírito empreendedor e dinâmico, foi Tarugi quem iniciou as atividades do Oratório em Nápoles, o que levaria Filipe a sofrer muito, uma vez que isso o afastava desse seu filho tão querido e o privava de um apoio tão importante para o desenvolvimento do Oratório em Roma. E Tarugi não sofria menos, pois assinava as cartas que lhe enviava de Nápoles como «o vosso desobedientíssimo filho». Posteriormente, foi enviado à França, à Espanha e a Portugal como legado do Papa, que o fez arcebispo de Avinhão um pouco mais tarde. Foi ainda arcebispo de Siena, e por fim pôde terminar os seus dias junto dos oratorianos de Roma.

Outro personagem central para a Congregação, e um dos filhos espirituais mais fiéis de Filipe, foi *Césare Baronio*. Desde que conheceu o santo, em 1558, não pôde mais separar-se dele e dedicou-se de corpo e alma ao Oratório. O fundador, por sua vez, discerniu no jovem advogado a excelente têmpera de caráter, e fez dele um dos seus colaboradores mais próximos.

Muito antes de se ordenar, Baronio costumava dar palestras sobre temas espirituais aos membros do Oratório, e fazia-o com grande segurança e sabedoria. No entanto, quase sempre recaía nos seus assuntos prediletos: a morte e o Juízo Final. Filipe, percebendo que isso dava um tom um tanto sombrio às reuniões e até ao caráter desse seu discípulo, decidiu mudar o estilo dessas prédicas. Ordenou-lhe que falasse, dali por diante, apenas sobre História da Igreja. Por amor a Filipe, Baronio obedeceu, embora não tivesse a menor inclinação por esse tema, e dessa forma acabou por escrever os doze monumentais volumes dos *Annali*, os «Anais eclesiásticos», marco zero da ciência histórica e fonte insubstituível para conhecer o passado cristão.

Talvez tenha sido Baronio quem melhor compreendeu e viveu a espiritualidade de Filipe. Nos últimos anos da vida do santo, quando se deveria escolher um novo Preposto, Baronio foi eleito por unanimidade para o cargo e, após a morte do seu mestre, foi nomeado cardeal, tão grande era o prestígio de que gozava pela sua vida e obras. De tal maneira, porém, tinha aprendido a humildade ensinada por Filipe que, comentando essa nomeação, escreveu a um amigo: «Não penses que os asnos aprendem a voar só por estarem adornados com estrelas e enfeites resplandecentes»[28]...

Dificuldades e perseguições

Dizem que «é a inveja que move o mundo». Com efeito, bastou que a fama de Filipe começasse a crescer e o recém-constituído grupinho dos oratorianos passasse a chamar a atenção para que se desencadeassem falatórios, ressentimentos e, por fim, a perseguição aberta. É sempre doloroso, por mais que se saiba que é inevitável, comprovar que essas coisas ocorrem não apenas em empresas, universidades e onde quer que trabalhem juntas três ou mais pessoas, mas no próprio seio da Igreja. Deus, porém, sabe o que faz e tolera a cizânia no seu campo para bem do trigo. E Filipe sabia-o também, embora isso não lhe poupasse a amargura especialmente dolorosa de ver levantarem-se contra a sua pessoa figuras da própria Igreja, daquela Igreja que ele tanto amava e que era a única razão de ser de todos os seus esforços.

Em 1555, subia ao sólio papal o já octogenário João Pedro Carafa, que tomou o nome de Paulo IV. Infelizmente, ao lado de um autêntico desejo de reformar a Igreja e de uma piedade profunda, tinha um temperamento terço e arrebatado. Demonstrou muita falta de tato nas medidas de governo, escolheu com pouca clarividência os seus assessores, e tomou umas decisões políticas tão desastrosas que acabou por arruinar quase tudo o que tinha empreendido de boa intenção.

Uma dessas medidas bem-intencionadas e malsucedidas foi a nomeação do cardeal de Spoleto, Virgílio Rosário, para Vigário Geral de Roma. Era um homem de vida irrepreensível, mas de visão estreita e suspeitosa. Desejoso de controlar tudo o que se passava na Urbe, mandou a polícia escarafunchar a vida particular de cada um dos cristãos mais notáveis da cidade, tal como Calvino o fazia nessa mesma época em Genebra. Filipe oferecia especialmente o flanco às suspeitas, uma vez que se sabia publicamente da sua simpatia por Savonarola. Além disso, Rosário temia as manifestações multitudinárias, e a Visita às Sete Igrejas era uma espinha entalada na sua garganta. Também não via com bons olhos que, no Oratório, uns meros leigos se pusessem a dar palestras ou a explicar as Sagradas Escrituras, coisas que lhe cheiravam a protestantismo.

Filipe foi, pois, submetido a uma série vexante de interrogatórios. Em maio de 1559, encontrou-se na rua com um amigo seu, o pe. Marcello Ferro, e perguntou-lhe o que ia fazer. Ao saber que pretendia rezar o breviário, pediu-lhe que rezasse por ele, pois «o cardeal de Spoleto chamou-me e não quer que continuemos indo às Sete Igrejas e que tenhamos Oratório. Também quer que eu não ouça mais confissões. Reze para que eu só busque a glória de Deus e a salvação das almas e não me procure a mim mesmo»[29].

Com efeito, o cardeal, tornado quase todo-poderoso pelas circunstâncias — o papa, cada vez mais adoentado e abatido com o insucesso das suas medidas, já quase não deixava os seus aposentos —, chegou a preparar um documento em que se desautorizavam as atividades no Oratório, e proibiu Filipe de ouvir confissões por quinze dias. É preciso saber que suspender as licenças para confessar é uma sanção que só se aplica em casos de conduta gravemente escandalosa. Era um golpe terrível contra a reputação e a honra do santo.

Entre os seus, Filipe suportou tudo com a serenidade habitual. Repetia-lhes que as suas únicas preocupações eram «a glória de Deus, a salvação das almas e nada que me diga respeito a mim mesmo». Levado à presença do cardeal, que o acusou de estar cheio de soberba e de ambições, defendeu-se respeitosamente, mas com vigor e clareza: «Sempre dei precedência às ordens dos meus superiores, e é por isso que lhe obedeço nestas circunstâncias». A certa altura, porém, Rosário lançou-lhe em rosto que estava fundando uma nova seita, e Filipe, virando-se para o crucifixo que pendia da parede, limitou-se a dizer: «Senhor, Tu, sim, Tu sabes se faço o que faço só para fundar uma seita». E retirou-se da sala[30].

De nada adiantou. Filipe recebeu ordens de manter-se sempre à disposição do cardeal e foi ameaçado de ser lançado na prisão, se cometesse «novas transgressões». Tarugi conta que o santo «rezava incessantemente e chorava, repleto de piedade pelos erros daqueles que o perseguiam, e também pela sua incapacidade de conseguir demovê-los»[31]. Ao mesmo tempo, proibiu os seus discípulos de fazerem o menor comentário depreciativo contra os perseguidores, incentivando-os a rezar continuamente pela Igreja. «Esta perseguição — dizia-lhes — não está dirigida contra vós, mas contra mim. Deus quer tornar-me humilde e paciente. Sabei que a perseguição cessará quando tiver dado os frutos que Deus quer»[32].

Ao que tudo indica, já tinha chegado a dar os frutos que Deus queria: estando as coisas nesse transe, o cardeal Rosário teve um infarto fulminante enquanto se dirigia aos aposentos papais e agonizou ali mesmo, na antecâmara. Quando um dos rapazes de Filipe quis aventurar-se a comentar que se podia ver a mão de Deus por trás desse acontecimento, o sacerdote cortou-o em seco: «*Sta zitto!*», «Cale-se!»

As nuvens negras que se tinham acumulado dissolveram-se como por encanto. O decreto contra o Oratório não chegara a entrar em vigor e o próprio papa, florentino como Filipe, informado por outras fontes mais dignas de confiança, levantou as proibições e enviou-lhe uns presentes, junto com o recado de que lamentava muito não poder tomar parte pessoalmente na Visita às Sete Igrejas.

Mas foi no pontificado do segundo sucessor de Paulo IV, *São Pio V* (1566-1572), o severo e inflexível dominicano Miguel Ghislieri, que Filipe sofreu as provas mais terríveis. Pouco sabemos do conteúdo dessas perseguições, embora seja provável que o pomo da discórdia fosse substancialmente o mesmo. Sabemos, por exemplo, que se chegou a tomar a decisão de fechar o Oratório, e que somente a intervenção do cardeal São Carlos Borromeu (1538-1584) — grande amigo do fundador — conseguiu impedir que a conspiração fosse adiante. Nessa época, Filipe viu-se muito alvejado dos mais diversos ângulos, e um dos «intelectuais de plantão» da época, o escritor Annibale Caro, teve a impertinência de chamar-lhe «charlatão».

Em 1569, o papa, antigo grão-inquisidor, chegou a enviar dois dominicanos ao Oratório para que fizessem de espiões: deviam escutar às escondidas o que lá se dissesse, e depois referir-lhe tudo. Ora bem, numa divertida repetição do episódio em que o Sinédrio enviou alguns guardas com a ordem de prender Jesus (cf. Jo 7, 32.45-49), os dois dominicanos gostaram tanto do que lá viram que passaram a tornar-se frequentadores habituais dessas reuniões...

De qualquer modo, Filipe sofreu cruelmente com essa perseguição, a ponto de ter pensado em mudar-se com os seus oratorianos para Milão, onde era bispo São Carlos Borromeu.

Convém ter em conta que Pio V era um santo autêntico; passava horas em oração diante do Santíssimo Sacramento exposto no altar, não bebia senão água, usava um cilício por baixo das vestes pontificais e reduziu os seus aposentos a uma nua cela monacal. Choca-nos hoje que tenha lançado mão de instrumentos como a Inquisição, mas é preciso considerar que, nessa «era dos fanatismos», como lhe chamou Daniel-Rops, a defesa da fé pela força era universalmente aceita e aplaudida entre católicos e protestantes. Fazia apenas trinta anos que São Thomas More e São John Fisher tinham sido decapitados na Inglaterra «por um escrúpulo de consciência»; o reformador protestante Calvino acabava de assar o dissidente Miguel Servet na fogueira, proclamando com absoluta tranquilidade que «é com toda a justiça que os hereges são executados», e o seu sucessor, Teodoro de Beza, escreveria pouco depois: «Que é a liberdade de consciência? Um dogma diabólico»[33].

Por outro lado, o que Pio V fez de positivo nos seis breves anos que durou o seu pontificado foi qualquer coisa de esmagador: levou a cabo a reforma da Cúria romana, fez publicar o primeiro *Catecismo* universal, dirigido aos párocos, o *Missal* dos fiéis e a *Suma teológica* de São Tomás. Exigiu de bispos e reis, com um valente puxão de orelhas, que acabassem com os abusos e pusessem em prática as disposições do Concílio de Trento. Enfim, realizou uma obra tão transformadora que precisou realmente de uma fortaleza sobre-humana para poder enfrentar o turbilhão das fúrias despertadas e o pântano das resistências passivas.

O seu grande defeito, pode-se dizer, era a excessiva seriedade: «Não se presta ao riso», dizia dele o embaixador de Veneza junto à Santa Sé. Era natural que, com um temperamento desses, fosse incapaz de compreender o estilo alegre, brincalhão e soberanamente livre de Filipe. Com o que assistimos ao chocante espetáculo em que um santo autêntico, animado das melhores intenções, persegue outro santo autêntico, animado das mesmas intenções. Só que Filipe não se abalou, forte na sua fé e abandono em Deus; tinha já lido em São Tomás que «o diamante só se lapida com diamante».

Mas não pensemos que tudo fossem perseguições. Em 1572, foi eleito sucessor de São Pio V o cardeal Hugo Buoncompagni, que tomou o nome de Gregório XIII. Era um dos prelados que frequentavam as reuniões de Filipe havia já alguns anos, e apoiou como pôde o seu apostolado. Em 1575, erigiu-se canonicamente a Congregação do Oratório, e dois anos depois o cardeal Alessandro de Médici celebrava, em nome do Santo Padre, a primeira missa numa igreja confiada aos oratorianos. Dali para a frente, o Papado mostraria grande carinho e confiança por Filipe, como se desejasse reparar as perseguições havidas, e cumularia os seus filhos — já que ele mesmo recusava qualquer honraria — de cargos de confiança e merecidos títulos.

Já perto do fim da vida, Filipe foi íntimo de dois pontífices: o já citado Gregório XIII, antigo frequentador do Oratório, e Clemente VIII (Hipólito Aldobrandini), de quem o santo fora confessor durante quase trinta anos. Um documento expressivo da intimidade com que tratava o Romano Pontífice é uma carta que escreveu a este papa. Desejando interceder pela filha de um amigo comum, que queria entrar no famoso convento feminino de Tor de Specchi, o santo, com os privilégios que lhe conferia a idade, escrevia:

«Santíssimo Padre! Quem sou eu para que os cardeais se dignem vir fazer-me uma visita, como ontem à tarde o fizeram o cardeal de Florença e o cardeal Cusano? Este instalou-se aqui até duas horas depois do pôr do sol e falou-me muito bem de Vossa Santidade; muito melhor do que deveria, segundo a minha opinião, uma vez que vós, na qualidade de Papa, deveríeis ser a humildade em pessoa. Ora bem, o próprio Jesus veio às sete da noite para dar-se a mim e ficar comigo; Vossa Santidade, em contrapartida, tem-se furtado todo este tempo a fazer uma única visita à nossa igreja. Jesus Cristo é Deus e Homem, e no entanto sempre vem visitar-me quando o desejo. Vossa Santidade, porém, é um simples homem, o filho da Dona Agnesina, uma senhora por certo muito respeitável, mas Ele é o Filho da Virgem de todas as virgens.

«Que mais poderei dizer para desafogar a minha indignação? Ordeno a Vossa Santidade que me obedeça no que diz respeito a certa moça que desejo enviar a Tor de Specchi. É filha de Cláudio Néri, de cujos filhos Vossa Santidade prometeu cuidar; e, a propósito, gostaria de recordar-vos que é de bom tom que um Papa cumpra as suas promessas. É por isso que ponho em vossas mãos este assunto, a fim de poder, se necessário, invocar o vosso nome, tanto mais que conheço a fundo a vontade dessa moça e tenho absoluta certeza de que é movida pela inspiração divina de entregar-se a Deus. E com a maior humildade que vos devo, beijo os vossos santíssimos pés».

O Santo Padre deve ter-se divertido muito com a carta, pois, falando em terceira pessoa, respondeu-lhe de próprio punho no espaço em branco que sobrara ao final do papel:

«O Papa repara que, na primeira parte da vossa carta, transparece uma certa vaidade, quando afirmais que os cardeais vão visitar-vos com frequência [...]. Quanto à visita que desejais que vos faça, responde que não a mereceis porque não quisestes aceitar a púrpura cardinalícia que ele vos ofereceu tantas vezes.

«Quanto à ordem que destes ao Papa [relativa à admissão da moça no convento], ele vos autoriza a ralhar com as boas madres com a vossa costumeira severidade se elas não fizerem o que quereis. Quanto a vós, ordena que vos comporteis e não vades ao confessionário sem a sua permissão.

E quando nosso Senhor for encontrar--vos novamente, pedi-lhe também pelo Papa e pelas grandes necessidades da cristandade»[34].

A Chiesa Nuova

Em fins de 1563 ou começos de 1564, quando Filipe acabava de curar-se de uma grave doença que muitos pensavam que o levaria à morte, chegou a San Girolamo uma comissão de administradores florentinos para pedir ao santo que se encarregasse da paróquia de *San Giovanni dei fiorentini*. Tratava-se de uma igreja construída no início daquele século XVI com o dinheiro de muitas pessoas de Florença que residiam em Roma. A princípio, o convite não agradou a Filipe, mas quando soube que era um desejo expresso do papa, na ocasião Pio IV, obedeceu imediatamente. Destacou para essa tarefa três dos seus discípulos: César Baronio, Germânico Fedeli e Giovan Francesco Bordini. Era a primeira vez que o Oratório se dividia...

Filipe continuou em San Girolamo, mas deslocava-se frequentemente à igreja dos florentinos. Assim foi por dez anos. Pouco a pouco, mais oratorianos passaram a residir ali. San Giovanni tornou-se, pois, o primeiro lugar em que os filhos de São Filipe Néri viveram em comunidade, de acordo com algumas regras, aliás pouquíssimas: somente as absolutamente necessárias para o convívio social. O santo fundador queria que todos servissem a Deus com plena liberdade.

Entretanto, os anos foram passando e surgiram algumas intrigas também por parte dos administradores florentinos. Em 1574, a situação tornou-se insustentável, e Filipe viu a clara necessidade de que os oratorianos tivessem a sua própria igreja, para se tornarem independentes do estado de ânimo deste ou daquele administrador.

Saiu então à procura de um lugar. Viu muitos que lhe agradaram, mas um que nem lhe havia passado pela cabeça foi o que lhe ofereceu o papa Gregório XIII: a igreja de Santa Maria in Vallicella. Estava situada num dos bairros de pior fama de Roma, onde se concentravam os bancos e as lojas que Filipe conhecia tão bem desde a juventude, e era preciso restabelecer ali a ordem e o decoro. Vários Pontífices já se haviam mostrado preocupados com a situação do bairro, e foi exatamente por isso que o papa pediu ao Oratório que se instalasse naquela localidade.

Empolgado, Filipe quis dispor de uma igreja tão imponente que não teve outro remédio senão mandar destruir a que existia e reconstruí-la desde as fundações, preservando apenas uma pequena parte, onde se podia deixar reservado o

Santíssimo e uma imagem de Nossa Senhora. Seria a *Chiesa Nuova*, a «igreja nova». E começaram as obras. A primeira pedra foi colocada em 1575 pelo cardeal Alessandro de Médici.

Dinheiro? «Para quê dinheiro?», diz a canção, e realmente não havia nenhum. Mas o entusiasmo de todos supriu o que faltava..., juntamente com as esmolas e contribuições de muita gente boa, é bem verdade. Filipe, que a essas alturas já tinha mais de sessenta anos, continuava incansável. Trabalhava e fazia trabalhar, conseguia dinheiro, animava os operários, o arquiteto, os seus filhos espirituais. E ainda dava «contribuições» de outro tipo: certa vez, um oratoriano caiu de um andaime de muita altura, e os médicos deram-no praticamente por morto. Filipe disse-lhes que o acidentado se recuperaria e não morreria antes que a igreja estivesse terminada. Todos os que o ouviram puderam contemplar o cumprimento daquela profecia pouco tempo depois: o jovem restabeleceu-se totalmente.

Bispos, cardeais e até mesmo o papa passaram a visitar as obras com muita frequência. Um detalhe curioso, e talvez nunca dantes visto na história das fundações eclesiais, é que Filipe, o fundador, não se mudou para a *Chiesa Nuova* logo no princípio, como o fizeram todos os membros do Oratório em 1577. Talvez pelo seu amor à solidão — havia muito que não podia estar sozinho com Deus durante o tempo que desejava —, ou mesmo pelo carinho que sentia pela casa onde tinha passado tantos anos e onde tinha tido tantos sofrimentos, permaneceu em San Girolamo por mais seis anos. Somente em 1583, a pedido do papa, foi que se mudou para a casa central dos oratorianos, onde morou até o fim da vida.

O espírito e as constituições

Depois das primeiras perseguições, e a partir do momento em que se ocuparam da igreja de San Giovanni, tinha ficado claro que era necessário conferir ao Oratório uma «existência oficial» — uma personalidade jurídica — a fim de preservar o espírito filipino, que se ia delineando cada vez mais claramente. Por isso, em 1575, sob o impulso de Gregório XIII, a Congregação do Oratório foi reconhecida canonicamente. Faltava ainda, como diríamos hoje, «regulamentar» a instituição, isto é, dar-lhe um estatuto ou umas regras em que se definissem os seus fins e o seu espírito.

Qual era a essência desse espírito? Uma boa definição talvez seja a que Antônio Taipa, um dos primeiros oratorianos, poria por escrito numa carta datada de 28 de outubro de 1588: «Os membros do Oratório devem efetuar exercícios espirituais que sirvam à salvação da alma do próximo, sobretudo: 1) as práticas diárias sobre temas de moral, sobre a vida dos santos e sobre a história da Igreja; 2) o exercício cotidiano da oração; 3) o recurso constante aos sacramentos da Confissão e da Comunhão [...]. São estas as características que denotam o peculiar carisma da Congregação»[35].

Os oratorianos já vinham vivendo espontaneamente tudo isso havia muito tempo, e ao próprio Filipe repugnava qualquer regulamento que parecesse espartilhar, mesmo de longe, a iniciativa individual. De qualquer modo, em 1577, assim que se mudaram para a *Chiesa Nuova*, fez-se a primeira assembleia geral para constituir o governo da Congregação e dar-lhe assim um certo ordenamento. Elegeram-se cinco «deputados», que estariam destinados, dali por diante, a «servir de maneira especial a comunidade», e que tomariam algumas das decisões sobre os trabalhos e o desenvolvimento da Congregação. Também se estabeleceu nessa assembleia que existiria um Preposto ou superior. Obviamente, o primeiro Preposto, escolhido por unanimidade a 8 de maio daquele ano, foi Filipe Néri.

Com o correr dos anos e o crescimento da Congregação, a necessidade de dispor de umas Constituições aprovadas pela Santa Sé ia-se fazendo cada vez mais premente. Sete anos antes da morte do santo, em 1588, elaborou-se uma versão, revista e corrigida por Filipe e aprovada em votação por todos os oratorianos, e esse texto viria a constituir a «espinha dorsal do Instituto».

Mas ainda teriam de passar-se muitos anos até que as Constituições estivessem plenamente elaboradas e fossem aprovadas pelo Papa de maneira definitiva, o que aconteceu em 1612, dezessete anos depois da morte do fundador. Como comenta um recente Visitador Apostólico da Congregação, «as Regras (Constituições) do Oratório constituem ainda hoje uma curiosidade no âmbito da Igreja, e por isso certamente não foi fácil para a Cúria Romana classificar de modo correto o Oratório de Filipe Néri. Os oratorianos são realmente sacerdotes seculares — não fazem votos —, porém são tratados como as Ordens religiosas por parte da Congregação dos Religiosos. Antes da publicação do novo *Código de Direito Canônico*, em 1983, eram contados entre os Institutos seculares. Atualmente, instituiu-se uma nova seção intitulada "Sociedades de Vida Apostólica", na qual o Oratório figura como a mais antiga»[36].

Novas fundações

Nas épocas de especial dificuldade para a Igreja, Deus parece suscitar inúmeros santos para que a reergam e façam brilhar novamente no seu rosto a sua eterna beleza de Esposa de Cristo. Assim aconteceu naqueles anos da Renascença, ensanguentados pelos povos em guerra em toda a Europa, enlameados pela decadência moral da população, escandalizados com o espetáculo de papas preocupados com o prazer, as honras, as artes ou a política, com uma Igreja despedaçada pela revolta e pelo cisma.

Diante desse panorama em que tudo parecia sem solução, Deus quis mostrar como cuida da sua Igreja, e como realmente *as portas do inferno não prevalecerão contra Ela* (Mt 16, 18): foi nesses cem anos que nasceram Teresa de Ávila, Pedro de Alcântara, João da Cruz, Camilo de Lélis, Inácio de Loyola, Francisco Xavier, Carlos Borromeu, Francisco de Sales, Filipe Néri e tantos outros santos que realizaram um trabalho de renovação nunca dantes visto, apoiado inteiramente na humildade, na obediência, na fidelidade, na caridade — na renovação interior, numa palavra.

Muitos desses santos chegaram a conhecer as atividades do Oratório. Vários bispos italianos, empenhados nos trabalhos da Reforma católica, queriam que os filhos espirituais de Filipe Néri abrissem uma casa nas suas dioceses: em Génova, em Rimini, em Bolonha... No entanto, os oratorianos eram ainda poucos e o santo fundador queria-os junto de si, pelo muito trabalho que tinham na Cidade Eterna.

Um desses bispos — o de Milão — era São Carlos Borromeu, e vale a pena contar um pouco mais sobre como foi o seu relacionamento com o Oratório. Já havia alguns anos que a irmã do cardeal-arcebispo, Ana Borromeu, se confessava com Filipe. Foi ela quem pôs em contato os dois santos, surgindo daí uma grande amizade e admiração entre ambos. Já vimos que, sob o pontificado de São Pio V, Filipe chegou a pensar seriamente em mudar-se para Milão, levando consigo todo o Oratório, e que o cardeal teve algumas intervenções decisivas na Cúria para desbaratar as tramoias que se urdiam. Em 1575, embora já se tivesse dissipado a tempestade, Filipe enviou cinco dos seus seguidores a essa cidade, a instâncias de Carlos.

Infelizmente, logo se tornou patente a diferença de mentalidade entre os dois santos. São Carlos Borromeu sentia-se esmagado sob o peso da reforma que tinha de levar a cabo na sua diocese, pois se encontrava a braços com a ferrenha oposição levantada por clérigos e religiosos desleixados. Um destes tentara mesmo arcabuzá-lo em plena missa, mas felizmente a sua pontaria não era tão certeira como o seu ódio. O arcebispo pensou encontrar nos sacerdotes do Oratório um ponto de apoio e uns instrumentos dóceis e disponíveis; na vida real, porém, deparou com um grupo de sacerdotes com fins e estilo próprios, conforme os tinha formado Filipe. Produziram-se mal-entendidos e desavenças, e o fundador, informado da situação, chamou todos os oratorianos de volta a Roma sem sequer se preocupar de avisar o arcebispo. O incidente produziu um certo estremecimento nas relações entre os dois, mas nem por isso deixaram de ser amigos e de ajudar-se mutuamente.

Poucos anos depois do frustrado início do Oratório em Milão, Tarugi teve que mudar-se para Nápoles por motivos de saúde. Lá começou a pregar à população com aquele seu estilo arrebatador, e o efeito foi imediato: o número de assistentes começou a crescer de dia para dia e, com ele, as pressões para que se começasse quanto antes o trabalho do Oratório naquela cidade. O «desobedientíssimo filho» enviava relatório atrás de relatório, mas o fundador não se mostrava muito convencido de que fosse oportuno criar lá um equivalente da Congregação romana; parecia-lhe que se deviam buscar moldes próprios, adaptados às necessidades locais.

Havia muito tempo que os oratorianos estavam querendo partir para outras cidades e para terras distantes, empolgados com as cartas que os missionários franciscanos e jesuítas enviavam das Índias. E Filipe — nem seria preciso dizê-lo aqui — não lhes ficava atrás em afã apostólico: «Se eu tivesse dez homens completamente desprendidos das coisas terrenas e que não quisessem nada senão Cristo, isso seria suficiente para conquistar o mundo»[37]. No entanto, ao pedir conselho a um outro santo homem da cidade de Roma, Vicenzo Ghettini, prior de um convento cisterciense, soube que este tivera uma visão em que lhe aparecera São João Batista, pedindo-lhe que mandasse a seguinte mensagem a Filipe: «A tua Índia é Roma».

Essa mensagem, e sobretudo a quantidade de trabalho que já pesava sobre os membros mais maduros da Congregação — a direção do Oratório, a cura de almas, as confissões, o atendimento dos inquisidores e dos seus réus, além do mosteiro de Tor de Specchi, para não falar dos *Annali* e do *Martirológio romano* que Baronio estava encarregado de escrever —, faziam com que o santo não olhasse com muito bons olhos a expansão para outras cidades. Tinha escrito ao bispo de Fermo: «O Senhor Deus sabe que é meu desejo e de toda a Congregação que o Oratório se difunda amplamente e possamos ver copiosos frutos. Teríamos voluntários para essa tarefa [a que o bispo lhe oferecia] se estivéssemos seguros de que isso representa a nossa vocação. Mas, por enquanto, parece-nos melhor avaliar com sensatez as nossas forças e ter cautela quanto à fundação de outros Oratórios fora de Roma»[38].

Em 1584, Tarugi conseguiu uma bela casa onde iniciar o trabalho em Nápoles. Tudo parecia estar a postos: o local, o entusiasmo da multidão, o alento do bispo da cidade... Só faltava a aprovação de Filipe, que permanecia em dúvida. Um ano mais tarde, numa reunião geral da Congregação, o santo colocou em discussão uma pergunta e retirou-se: «Ainda que já esteja em andamento, é oportuno fazer uma fundação em Nápoles?» Depois de algum tempo, os seus filhos decidiram que sim. E Filipe acatou plenamente a decisão.

É interessante observar como tantos santos fundadores, ao longo da história da Igreja, souberam mudar de opinião ao ouvir o parecer dos seus próprios filhos espirituais. A humildade de Filipe levava-o a ser fiel e até intransigente nos aspectos centrais da sua fundação, mas levava-o também a ter um enorme apreço pela liberdade e pelo espírito de iniciativa dos seus filhos. Na Constituição escrita em 1588, previa-se já a possibilidade de criar novas filiais, mas como as necessidades espirituais e apostólicas são diferentes em cada cidade, Filipe quis que cada casa fosse autônoma.

Ainda em vida do santo, criaram-se Oratórios em diversas cidades italianas além de Nápoles, e, pouco depois da sua morte, já no século XVII, os oratorianos partiam para as terras distantes com que tinham sonhado: a França, a Espanha, a Bélgica, o México, a Índia... Muitos santos e personalidades eminentes da história da Igreja colaboraram no desenvolvimento dos apostolados do Oratório e foram por sua vez profundamente marcados pelo seu espírito, como São Francisco de Sales, que foi amigo de Césare Baronio, São Vicente de Paulo, o cardeal Pierre de Bérulle — que impulsionou a criação do primeiro Oratório na França —, ou o cardeal John Henry Newman, que, como vimos, abriu a primeira casa na Inglaterra.

O SANTO

Um belo ancião

Filipe foi retratado muitas vezes, ora como o «santo da alegria», ora sob as feições mais ou menos caricaturizadas do «santo humorístico». Já percorremos em grandes linhas a sua vida, e chegou a hora de tentarmos também traçar o seu retrato: como era Filipe Néri na maturidade?

Não é fácil responder a essa pergunta sem empobrecer a sua figura; mesmo os grandes pintores que se embrenharam na tarefa de representar apenas o seu aspecto físico, não conseguiram realizá-la a contento. Diz-se num dos testemunhos do processo de beatificação que Filipe «tinha o olhar puro de um menino, e na sua face e nos seus olhos via-se uma luz que nenhum pintor conseguiu jamais representar, sendo que muitos já o tentaram»[39].

Os muitos quadros que se fizeram dele — alguns em vida do santo, outros baseando-se na sua máscara mortuária —, revelam-nos algumas características marcantes. Mostram-nos um homem muito magro, até exangue, mas com uns olhos negros, vivíssimos e brilhantes, que se destacam no rosto extremamente branco. A cabeça está incrustada entre os ombros. O nariz é adunco, ou talvez fosse mais respeitoso dizer «romano». As maçãs do rosto, esculpidas, marcam uma personalidade singular. Uma testa teimosa e firme prolonga-se numa meia-calvície coroada de cabelos brancos, finos mas ainda revoltos e fortes. A barba, também muito alva, cobre um pouco o colarinho aberto e desarrumado, como costumava trazê-lo por causa do calor que sentia brotar do peito. A boca, delicada, tem o ar de sorrir com um leve toque de matreirice.

Os testemunhos de alguns contemporâneos confirmam essa descrição. Numa carta datada de 1576, Giovenale Ancina conta ao seu irmão Matteo as impressões que lhe causou o Oratório, que acabava de conhecer, e comenta sobre o seu fundador: «O guia espiritual é um certo Filipe de Florença, um senhor de pelo menos sessenta anos, maravilhoso de um certo ponto de vista, de modo particular no que concerne à santidade da sua vida. É um belo ancião, limpo e branco como um arminho. Tem a pele delicada e virginal, e, quando levanta a mão contra o sol, ela é transparente como o alabastro»[40].

A comparação com o arminho — animalzinho encantador, muito vivo, ágil,

ativo e rápido — parece poder estender-
-se a outros traços da sua personalidade. Com efeito, Filipe era desses homens
fisicamente frágeis, mas imensamente
ativos. Gostava de coisas concretas que
estivessem ao alcance da mão e não era
amigo dos sonhos quiméricos e dos pla-
nejamentos abrangentes.

Tinha a sensibilidade vivíssima, e
mais para o fim da vida não sentia vergonha nenhuma em demonstrá-lo. Chorava, e sobretudo ria, por tudo e por
nada. Certa vez, uma alta personalidade
da Cúria surpreendeu-o lavado em lágrimas sobre uma passagem da Paixão de
Cristo, e, diante do comentário reprova-
dor, Filipe não se conteve: «Por que —
gritou-lhe —, por que um pobre órfão
como eu não deveria chorar?» Em outra
ocasião, referindo-se a essa facilidade
que tinha para comover-se, comentou
abruptamente: «Mas se até as prostitutas
choram quando lhes falam de Deus!»[41]

Mas o traço que mais atraía os que se aproximavam dele era, sem dúvida, a bondade. «Acolheu-me de uma maneira tão amável — recorda Fabrizio Massimo, filho de uma das principais famílias da nobreza romana — que nunca mais consegui afastar-me dele. Devo dizer que, desde que o conheci, nunca me passou pela cabeça separar-me dele. Era tão cheio de amor que atraía todos a si. Tinha umas maneiras tão gratas que é impossível imaginá-las. Atraía a todos: grandes e pequenos, homens e mulheres, pecadores e pessoas que levavam uma vida de santidade, prelados, príncipes, nobres, comerciantes, verdadeiramente todo o tipo de pessoas»[42].

É na verdade impressionante ver a unanimidade dos seus biógrafos, contemporâneos ou não, filhos seus ou não, a este respeito. Até as atas do processo de canonização, gênero de escritos que costumam caracterizar-se mais pelo excesso de sobriedade do que por efusões poéticas, atestam que Filipe «atraía a gente como o ímã atrai o ferro»[43]. De onde lhe vinha semelhante poder de atração?

Um ardor juvenil

Vinha-lhe, em primeiro lugar, da intensidade da sua paixão por Deus. O Espírito Santo representara-se-lhe como uma «bola de fogo», e desde então o santo tinha o coração em chamas. Gostava de dizer de si mesmo: «*Vulnerado caritatis sum*», «sou uma chaga aberta de amor a Deus». E era desse amor ardente que lhe nascia todo o resto — a alegria, o bom humor, o otimismo, a humildade, a misericórdia, essa bondade tão atrativa, a obediência...

Há quem pense que o amor é mais fogoso na juventude, porque as paixões se exprimem com mais turbulência nessa idade, mas isso não passa de um lugar--comum. No homem que gastou a vida inteira a buscar o rosto de Deus, o amor se concentra e arde com uma chama límpida e clara. Uma das máximas preferidas de Filipe exprime-o com toda a clareza: «Quem quer alguma coisa diferente de Cristo, não sabe o que quer. Quem busca alguma coisa diferente de Cristo, não sabe o que deseja. Quem trabalha e não o faz por Cristo, não sabe o que faz»[44].

Cristo fora desde a juventude o objeto dos seus amores. Cristo pendente da cruz atraíra desde cedo o seu olhar e tornara-se para ele a fonte inesgotável de aprendizado desse amor. Nele encontrava tudo aquilo de que precisava: «Abandonemo-nos por inteiro ao amor divino — escrevia, por exemplo, numa carta à sobrinha — e penetremos completamente na chaga do seu lado aberto, fonte viva da sabedoria do Deus encarnado»[45].

Mais do que do alimento e do descanso, Filipe precisava de uns momentos diários de intimidade com Ele, e quando lhe foi escasseando o tempo buscava-os como podia. Sempre que ia jogar bola com os seus rapazes, aos poucos minutos retirava-se para um canto, puxava do bolso algum livro sobre a Paixão e começava a lê-lo. E quando se encontrava acamado por causa de alguma das suas frequentes doenças, pedia que lhe trouxessem um crucifixo grande, que pudesse ficar encostado à parede e para o qual pudesse olhar continuamente, mesmo deitado. Chegou a referir-se alguma vez, em terceira pessoa, a «certas pessoas» que não conseguem pegar no sono por causa das lágrimas, da oração e do amor, e por fim têm de implorar: «Senhor, peço-te, deixa-me repousar um pouco»[46].

Enxergava nos Sacramentos as vias expressas de acesso a Cristo. Mesmo mergulhado em mil afazeres, nunca deixou de celebrar a missa — e como! No momento da Comunhão, absorvia-se de tal maneira que o seu ajudante, já acostumado aos hábitos do santo, saía de mansinho e ia tratar dos seus assuntos; ao voltar, duas horas mais tarde, batia levemente à porta, entrava, e só então o sacerdote terminava a celebração. Concentrava-se tanto que não queria ser interrompido por ninguém. Comentou-se que algumas vezes, durante a missa, ao experimentar com força alguma solicitação do Espírito, escapava-lhe — com aquele à vontade com Deus que lhe era característico — uma exclamação em voz alta: «Agora não; depois, no meu quarto!»[47]

A intensidade que atingiu o seu desejo de estar com Cristo fica patente num pequeno episódio que diz tudo. Durante a sua última doença, quando já não podia celebrar a missa, o cardeal Federigo Borromeu, primo de São Carlos, atendeu-o e trazia-lhe a comunhão. Num desses dias, assim que entrou no quarto, viu

Filipe soerguer-se na cama e exclamar avidamente: «*Ecco il mio amore!* Eis o meu amor! *Datemelo súbito*, dai-mo depressa!» Aos oitenta anos, que ardor juvenil não há nestas palavras!

Intimidade confiada

Depois de tantos anos de intimidade, era natural que Filipe não tratasse o Senhor e a sua Mãe como visitas de cerimônia, mas como amigos muito íntimos, sempre dispostos a conversar: «Meu Jesus, queria tanto, tanto amar-te!»; «Virgem Maria, Mãe de Deus, pede a Jesus por mim». Se se sentia um pouco vexado pelos «seus pecados», e tinha desejos de unir-se mais a Deus, chegava a exclamar em voz alta: «Procuro-te e não te encontro; vem até mim, Senhor!», ou «Quebra as minhas cadeias, se me queres possuir!» Ou ainda, cansado de tanto pedir por alguma intenção, um pouco embirrado, mas com toda uma simplicidade infantil: «Não te amarei mais se não me ajudares, meu Jesus». E com uma confiança absoluta e total: «Senhor, hoje toma conta de mim. Tenho medo de trair-te. Faz-me terminar bem o dia, e assim não terei medo amanhã»[48].

Tarugi declarou no processo de canonização do santo: «A oração fluía dele de modo absolutamente natural; mais do que isso, para sermos precisos, devemos dizer que ele era movido pelo Espírito Santo e que não tinha necessidade de meditar para suscitar o fervor interior»[49]. Essa naturalidade, já o sabemos, não era simples espontaneidade improvisada, mas fruto de um longo e paciente esforço por buscar o trato com Deus; e igualmente resposta clara do Espírito Santo, que podia realmente «sentir-se em casa» naquela alma.

Muito de acordo com o seu modo de ser e premido pela falta de tempo, Filipe tinha o costume de «condensar» a oração em fórmulas simples, breves e penetrantes: as jaculatórias. «Jesus, fica comigo, Jesus», «Que posso fazer, Senhor, para cumprir a tua vontade?», ou a simples palavra: «Maria!» Para que elaborar longos discursos, se poucas palavras dizem tudo? E aconselhava os seus seguidores a fazerem o mesmo: repetir com muita frequência «jaculatórias ou orações breves, que se possam enviar a Deus sempre, em todas as circunstâncias da vida»[50].

Muitas vezes, recitava-as em voz alta. Mas não se limitava a repeti-las em monótona cadência: ruminava-as, reafirmava por meio delas o seu amor com a constância e a tenacidade dos enamorados... e das crianças, que não se cansam de repetir milhares de vezes as mesmas palavras. Por outro lado, não é verdade que tantas vezes a melhor maneira de exprimir tudo o que trazemos no coração é precisamente uma exclamação breve, um gemido de dor ou de amor, um grito de alegria e agradecimento? Um coração transbordante como o de Filipe não tinha, talvez, melhor válvula de escape do que essas orações sintéticas e breves.

Mas essa tática de vida interior revela ainda uma outra intenção: «Para rezar bem, requer-se o homem inteiro»[51], escrevia Filipe. O santo queria que tudo — toda a vida, tudo o que cada homem pensasse e fizesse — se convertesse em oração, fosse oração. E as jaculatórias representavam para ele o caminho para realizar essa sobrenaturalização explícita dos afazeres cotidianos: um meio acessível a todos de elevarem o coração a Deus sem interromper o que estivessem fazendo naquele momento.

«O meu segredo»

Um amor tão ardente e uma intimidade tão intensa com Deus, aliados ao papel excepcional que o Senhor lhe destinava na história da Igreja, não podiam deixar de ter manifestações extraordinárias. Por pudor, Filipe manteve sempre o mais obstinado silêncio sobre os fatos sobrenaturais de que tinha sido protagonista: como já se disse acima, só chegamos a saber do seu «Pentecostes» porque se abriu com Pietro Consolini cinquenta anos depois do acontecimento, pouco antes da morte. Se alguma vez lhe escapava alguma alusão, logo se interrompia com uma exclamação típica: «*Secretum meum mihi*», «O meu segredo é para mim»[52]. E queimou também tudo o que tinha escrito; a única coisa que sobrou — as famosas *Massime*, «Máximas» — só sobreviveram porque foram compiladas pelos seus seguidores após a sua morte, com base nos conselhos que lhes dava.

Mesmo assim, viveu cercado de acontecimentos sobrenaturais — curas, profecias, conversões em circunstâncias chamativas — que lhe deram fama de taumaturgo. Não nos detivemos neste aspecto da sua vida por falta de espaço, mas será preciso contar pelo menos dois episódios entre os mais importantes.

Já falamos de Fabrizio Massimo, que se tornou um dos seus confidentes mais íntimos desde os seus primeiros anos romanos. A sua mulher, Lavínia, já tinha tido cinco filhas e estava para dar à luz mais uma vez, quando houve algumas complicações que ameaçavam levar a criança à morte. Filipe rezou por ela e depois comentou ao seu velho amigo, com toda a segurança, que tudo correria bem: teriam um menino saudável e deveriam dar-lhe o nome de Paulo. E, realmente, tudo correu conforme tinha predito.

Passaram-se os anos; a mãe de Paulo e uma das suas irmãs já tinham falecido quando o rapaz adoeceu gravemente, pouco depois de completar catorze anos. Durante mais de dois longos meses, Filipe visitou-o todos os dias, confortando-o como um pai, mas por fim o jovem entrou em agonia. Filipe foi chamado às pressas, mas, como estava celebrando a missa naquele exato momento, demorou-se um pouco e só chegou depois do desenlace fatal.

Ao entrar na casa, deparou com a cena toda: o corpo inerte sobre a cama, pai, irmãs e vizinhos a chorar e a cuidar dos preparativos para o enterro... Filipe aproximou-se do rapaz, ajoelhou-se, lançou-se sobre a beirada do leito e mergulhou em oração. Durante sete ou oito minutos, só se ouviam as batidas do seu coração. A seguir, apanhou um frasco com água benta e aspergiu-a sobre o corpo, chamando em voz alta: «Paulo, Paulo». Nesse momento, Paulo abriu os olhos e disse: «Padre».

Mas o milagre não terminou aí. O rapaz passou cerca de um quarto de hora conversando com Filipe e com os outros circunstantes, que não conseguiam acreditar no que viam. Chegou mesmo a levantar-se para ir ao banheiro. Depois, o santo perguntou-lhe se queria continuar vivo ou se preferia ir para junto da mãe e da irmã, no Paraíso. Paulo escolheu a segunda alternativa. E o seu pai, testemunha de todo o acontecido, recordava durante o processo de beatificação do santo: «Então o beato Filipe, na minha presença, deu-lhe a bênção e, pondo-lhe a mão sobre a fronte, disse-lhe — e eu o ouvi —: "Vá, seja abençoado, e reze a Deus por mim". E tendo o beato Filipe dito estas palavras, Paulo, com o semblante plácido, sem fazer nenhum gesto, nas mãos desse bem-aventurado sacerdote, na minha presença..., voltou subitamente a morrer»[53].

No castelo da família Massimo celebra-se todos os anos, no dia 16 de março — data do milagre —, uma missa em recordação desse episódio.

Apenas mais uma amostra, em que fica patente o carinho de Filipe pelos seus confidentes: Delia Buscaglia, a jovem esposa de um dos seus grandes amigos, Gaspare Brissio, músico do Castelo de Sant'Angelo, estava para dar à luz no último dia do ano. Já começavam a ouvir-se os fogos de artifício pelas ruas quando as coisas se complicaram no leito da parturiente: a criança que estava para nascer morreu, e a mãe parecia também não ter nenhuma possibilidade de sobreviver. A parteira, as vizinhas, os parentes corriam de um lado para o outro para socorrê-la. O marido, aflito, foi pedir a ajuda da oração nas igrejas e conventos vizinhos, e veio da rua trazendo pela mão o padre Filipe.

Com os olhos cheios de lágrimas, o sacerdote entra no quarto e vê Delia agonizante. Ajoelha-se e pede que todos os que se encontram ali façam o mesmo. Reza o Pai-Nosso e a Ave-Maria.

Depois chama-a em voz alta: «Delia!» Como se despertasse de um sono profundo, a mulher responde-lhe: «Padre, o que o senhor quer?» E Filipe: «Que sejamos santos, que sejamos santos». E a agonizante: «Que Deus assim o faça... Oh, padre, estou tão mal!». «Vamos, não duvide, quero que sejamos todos santos».

Diante desse sofrimento, Filipe não parece pedir o que se espera dele; antes procura voltar os olhos da moribunda e os de todos os presentes para a Fonte de toda a vida, até com uma aparente falta de compaixão. Mas Deus não deixa de premiar, como Filipe, seu amigo íntimo, sabe tão bem, esse abandono nas Suas mãos. Já ao descer as escadas para a rua, Filipe confia ao amigo Gaspare: «Volte para o quarto, que Deus já lhes fez a graça..., e que me sejam bons». A mulher já começava a sentir-se melhor[54].

Os óculos da fé

Nas *Massime e ricordi*, Filipe comenta, no seu característico estilo sintético: «O Espírito Santo é o mestre da oração. É Ele que nos permite viver numa paz constante e na constante alegria, que são uma espécie de amostra do paraíso»[55]. A sua fé, amadurecida na conversação contínua com Deus, não era uma simples tábua de salvação reservada para casos de naufrágio; era *visão sobrenatural*, capacidade de enxergar a ação de Deus em tudo o que acontece, uma espécie de «óculos multifocais» que permitem enxergar, ao mesmo tempo e sem perda de nitidez, o primeiro plano das pequenas realidades cotidianas e o horizonte das realidades eternas.

Graças a essa fé, Filipe tinha sempre muito presente o céu, destino final de todos os seus esforços e anseios. Animava doentes e moribundos com o surpreendente grito de encorajamento que aprendera com o seu amigo e diretor espiritual Persiano Rosa: «*Alegremente! Alegremente!*», instando-os não apenas a resignar-se com o inevitável, mas a preparar-se com alegria para dar o salto para a Vida. E num momento em que os amigos o instavam a aceitar o cardinalato que o papa lhe oferecia havia tanto tempo, tirou o chapéu da cabeça, lançou-o ao ar e, olhando para o céu, exclamou: «Paraíso! Paraíso!», como quem diz: para que perder o tempo com metas e ambiçõezinhas terrenas, se temos fins muito mais altos a alcançar![56]

Mas, graças a essa mesma fé, Filipe dava todo o seu valor às realidades mais chãs. É famosa a sua exclamação, em que é impossível não reconhecer qualquer coisa de muito maternal, certa vez em que assistiu a uma refeição dos noviços dominicanos de Santa Maria sopra Minerva: «Comei, por favor, comei!

Basta-me ver que saboreais com prazer a comida para eu também engordar»...

Dizia que «a obediência é o caminho mais breve para a perfeição»[57], porque sabia que essa virtude é o caminho pelo qual Deus manifesta explicitamente a sua vontade à nossa fé. E precisava, com a experiência do diretor de almas: «Não basta perguntar-se se Deus quer determinado bem que pensamos estar fazendo; é preciso perguntar-se de que modo Ele quer que seja feito, ou seja, de que maneira e em que momento. Saber reconhecer esta diferença: é nisto que consiste a verdadeira obediência»[58].

Não é que não lhe custasse obedecer: pelo contrário, sabia muito bem que «a obediência é o verdadeiro holocausto que oferecemos a Deus sobre o altar do nosso coração»[59]. Saberemos apreciar quanta fé silenciosa se contém nestas palavras se pensarmos na paciência com que o santo sofreu as perseguições, vindo de quem vinham; e se, para fazer o contraste, nos lembrarmos de quantos contemporâneos seus enveredaram pelo caminho, paradoxalmente mais fácil, do desespero e da revolta: um Lutero, um Münzer, um Zwinglio, um Calvino, um Henrique VIII...

«Ainda que Filipe desejasse de todo o coração a Reforma» — escreve um dos seus biógrafos —, «não se esqueceu nunca de mostrar obediência e respeito nos confrontos com a autoridade da Igreja, um respeito e uma obediência sem os quais qualquer tentativa de reforma não teria feito senão aumentar e piorar os males existentes»[60].

Se soube render-se inteiramente ao Espírito Santo presente nos seus representantes, também se sabia instrumento autorizado do mesmo Espírito. Podia dizer sem pejo: «Creio possuir o Espírito de Deus»[61]. E essa era a razão pela qual também não tinha medo de mandar, embora, como bom conhecedor da natureza humana, aconselhasse brincalhonamente aos superiores do Oratório: «Se queres ser obedecido, então dá poucas ordens»[62].

Baronio conta-nos que aprendeu a obedecer numa ocasião muito concreta. Certo domingo, Filipe mandou-lhe que fosse ao hospital Santo Spirito, embora a todas as luzes não houvesse nada que fazer ali naquele dia. O jovem sacerdote manifestou com simplicidade que a ordem lhe parecia despropositada, mas o fundador tornou a mandar-lhe com certa aspereza: «Vá agora! Faça o que eu lhe digo e vá agora!» Chegando ao hospital, Baronio encontrou um doente que estava à beira da morte e pôde administrar-lhe os sacramentos e acompanhá-lo nos seus últimos momentos. Mais tarde, ao contar o episódio ao santo, Filipe disse-lhe: «Agora aprenda a obedecer sem replicar quando lhe mando alguma coisa». E é preciso dizer que Baronio aprendeu de tal modo que em outra ocasião, quando Filipe — com o seu humor peculiar — o mandou entoar um *Miserere* (o primeiro versículo do Salmo 51, «Tende piedade de mim, ó Deus...», que se canta com melodia arrastada e dolorida por ser uma oração de penitência) durante uma festa de casamento, fê-lo na mesma hora com grande seriedade[63]...

Com o bom senso que o caracterizava, Filipe dizia que «não se deve querer fazer tudo num só dia, e uma pessoa não se torna santa em quatro dias, mas passo a passo»[64]. Mas também sabia que, para um diretor de almas, não exigir equivale a estorvar a obra de Deus na alma dos seus dirigidos. E podia permitir-se essa exigência porque se exigia a si mesmo primeiro.

O heroísmo do bom humor

Um detalhe que diz muito sobre o sentido profundamente sobrenatural de Filipe é que, depois que São Pio V morreu e as principais perseguições cessaram, não se limitou a passar uma esponja sobre o acontecido e a esquecer quaisquer ressentimentos. Pelo contrário, teve verdadeira devoção por esse papa e usou durante anos um manto que lhe tinha pertencido. Mas, isso sim, à sua maneira: virado ao avesso...

Tinha essa capacidade de dar a volta às situações aparentemente mais trágicas e esmagadoras, porque não se dava importância. Dizia alguém que «a matéria das comédias é a mesma das tragédias»: um simples tropeção pode converter-se num contratempo sério, se o protagonista for um homem de muita «gravidade» (em todos os sentidos), ou numa ocasião de boas risadas, se for leve e ágil. E o mesmo se aplica a cada homem: tanto mais padecerá com os tropeções da vida quanto mais peso tiver para si mesmo.

«O segredo da vida consiste no riso e na humildade», escreveu o pensador e ensaísta inglês G.K. Chesterton, numa frase que se aplica inteiramente a Filipe. Durante todos esses anos passados com Deus, o santo tinha aprendido a ver-se com absoluta objetividade, ou seja, com absoluta humildade. As suas *Massime* abrem-se com um conselho que dava frequentemente aos seus filhos espirituais: «Acima de tudo, deve-se ser humilde». Por isso, não dava um caracol pelo que pensassem a seu respeito, e aproveitava todas as ocasiões para rir de si mesmo e para divertir os outros às suas custas, desviando assim os elogios que pudessem fazer às suas virtudes.

Entre os incontáveis episódios que há séculos se narram sobre o seu bom humor, citemos apenas estes: durante anos, pôde-se vê-lo andar pelas ruas com uma vassoura invertida na mão e deter-se a cada poucos passos para aspirar-lhe o odor como se fosse um maço de flores, ou caminhar com um travesseiro sobre a cabeça a modo de turbante, ou vestir-se com um casaco de caudas de raposa, que mais tarde daria a um dos seus companheiros «para que não sofresse demais com os rigores do verão».

Num grau talvez maior do que todos os outros santos, Filipe fez desse bom humor simples, alicerçado na humildade, uma verdadeira tática de vida espiritual. Era um otimista nato, divertido por temperamento, mas serviu-se desse traço da sua personalidade como meio para combater o orgulho na sua raiz, no excessivo apreço pela própria imagem. O conhecido oratoriano inglês do século passado, Frederick William Faber, afirmou: «O rigor ascético que São Filipe Néri recomenda é tal que se adapta perfeitamente ao nosso tempo moderno: renúncia às comodidades e uma normalidade constante, que no entanto *não se leva muito a sério*. Ele trouxe um novo elemento à vida espiritual: o heroísmo do *common sense*, do bom senso»[65]. E gostaríamos de acrescentar: do bom senso... e do bom humor.

Não é que desprezasse os meios tradicionais de penitência corporal; Francesco Tarugi testemunharia no processo de canonização que «por muitos anos levou uma vida de eremita, alimentou-se pouco, de fruta e pão, e dormiu com a roupa do corpo» onde quer que encontrasse lugar[66]. Mas sabia que a penitência corporal não é a mais importante, e que a grande ascese é a mortificação do amor-próprio, do egoísmo. A uma pessoa que queria fazer grandes penitências, dizia: «Se quereis a todo o custo exceder-vos em alguma coisa, excedei-vos em ser particularmente doce, paciente, humilde e amável, que isto já *de per si va bene*».

Foi nessas virtudes singelas, infantis, que Filipe encontrou a autoestrada para a santidade. Naquele seu estilo divertido, mas ao mesmo tempo profundo, ensinava: «A santidade do homem está no espaço de três dedos: tudo depende de se mortificar o *razionale*», e punha com energia três dedos sobre a testa. Com esse «*razionale*» não designava tanto a «razão», a capacidade de entender, mas sobretudo o amor-próprio egocêntrico do qual nascem todos os males: os ódios e desavenças, o desejo de ter razão em tudo, as obstinações teimosas e cegas, as mentiras e as «mentirinhas», as críticas dirigidas contra tudo e contra todos, a falta de misericórdia...

Por isso, mortificava-se de preferência nesses pequenos detalhes concretos a que a vontade costuma apegar-se com mais força porque exprimem por assim dizer «a nossa essência pessoal». É verdade que, como vimos, amava em extremo a pulcritude e o bom gosto; gostava de ter o seu próprio cálice para celebrar a missa, a fim de não ter de usar o de outros padres, e as suas roupas, sempre pobres, andavam muito bem limpas. Mas, para contrariar frontalmente essa tendência, forçava-se às vezes a usar em plena rua um par de horríveis botas brancas ou a andar com a barba feita pela metade. Uma desbotada camisa vermelha, que fugia especialmente a todas as regras de elegância, tornou-se uma das peças mais características do seu vestuário. E eram comuns os dias em que saía pela rua usando o barrete caído sobre uma das orelhas.

Por essa mesma razão, não gostava nada de solenidades, muito menos daquelas que de alguma forma atraíssem as atenções para a sua pessoa. Numa ocasião em que altos prelados da Cúria e até um representante do papa Sixto V participavam de uma cerimônia na *Chiesa Nuova*, começou a puxar a barba de um solene guarda suíço... E tinha a preocupação de infundir esse espírito nos seus oratorianos; uma das poucas proibições que lhes fez foi justamente a de fazerem parte do séquito de cardeais, príncipes e outras personalidades, função de poucas responsabilidades e bastante prestígio. Queria que tivessem por único desejo o de servir a Deus e à Igreja com profunda humildade.

Utilizava o gracejo como meio de dissolver impasses e superar birras e teimas. Dois oratorianos viviam em constantes discussões, e o santo fê-los dançar diante dele após uma briga. Durante aquele «espetáculo», os rostos foram-se desanuviando, ambos começaram a rir e terminaram por abraçar-se pacificamente.

Tratava até as mais altas personagens da Cúria com esse caráter brincalhão e zombeteiro, desde que fossem capazes de entender uma boa brincadeira. O cardeal Michele Bonelli, por exemplo, conhecia-o e admirava-o havia muito; uma noite, convidado a um banquete na casa desse «príncipe da Igreja», Filipe apresentou-se com uma panela de lentilhas para juntar-se à farta mesa. E o mais curioso é que muitos dos ilustres comensais quiseram provar daquelas lentilhas, que acabaram mais disputadas do que as línguas de pavão...

Noutra ocasião, quando Bonelli já tinha passado dos cinquenta anos e era prefeito de uma das Congregações da Cúria Romana, Filipe interpelou-o: «Gostaria de pedir um favor a Vossa Eminência, mas tenho a certeza de que não mo fará». Fingindo seriedade, o cardeal ripostou: «Mas por que não o faria?» E assim continuaram o simpático jogo por um bom tempo, até que o santo deu a estocada final: «Gostaria que Vossa Senhoria me revelasse o segredo para ter uma barba tão preta como a sua»[67].

Com o correr dos anos, passou a ter ainda mais motivos para essas atitudes. E que a sua fama de santidade, alimentada pelos milagres que fazia e pelo afluxo de personalidades ao Oratório e ao seu confessionário, crescia sem cessar, o que naturalmente o feria no seu nervo mais sensível. Quando uns prelados poloneses subiram cheios de curiosidade ao seu quarto «para ver o santo», o fundador pediu a um discípulo que começasse a ler-lhe em voz alta um livro muito divertido, que guardava desde os tempos de Florença, enquanto ele mesmo se punha a rir desbragadamente. Os graves e sisudos clérigos ficaram chocados com o estranho «santo» que tinham encontrado, e o assunto chegou a causar um pequeno escândalo na Cúria.

Mas essas «artimanhas» tinham muitas vezes o efeito contrário: faziam crescer ainda mais a sua fama de santidade... Era em vão que descia os degraus da igreja fazendo-se de bêbado, para desfazer o efeito causado pela viva emoção com que celebrava a missa. Também era em vão que carregava consigo uma bolsa que, segundo dizia, estava repleta de relíquias de santos às quais se deveriam atribuir os milagres que o cercavam por todo o lado: logo depois da sua morte, verificou-se, como era de esperar, que essa bolsa estava absolutamente vazia.

Mas se o estratagema não deu certo no foro público, no foro íntimo — diante de Deus, que afinal é o Único cuja «opinião» realmente conta — com certeza funcionou. Uma das vezes em que o cardeal Federigo Borromeu lhe levou a comunhão durante a sua última doença, ao rezar o «Senhor, não sou digno de que entreis em minha morada...», Filipe acrescentou: «Nunca fiz nada de bom, nada, mas nada mesmo. Nunca, nunca fui digno». E a alguém que viera visitá-lo, disse: «Quando estiver curado, mudarei de vida»[68]. Como impressiona essa ingenuidade infantil, essa simplicidade humilde, quando o santo contava tantos anos de serviço a Deus e eram tão palpáveis as provas da sua santidade! Tinha verdadeiramente reconquistado a infância, condição necessária, segundo o próprio Senhor, para *entrar no reino dos céus* (cf. Mt 18, 3).

«Amor e alegria, ou amor e humildade»

Numa época como a Renascença, em que o orgulho mais arrogante se pusera de moda, com a exaltação teórica do homem no centro do Universo por parte de alguns pensadores, mas sobretudo pelo comportamento desaforado dos príncipes e dos nobres, pela ostentação dos ricos e a vaidade das mulheres, a humildade de Filipe punha o dedo na chaga e representava necessariamente uma espécie de *uppercut* no queixo da opinião pública. O luterano Goethe, o autor do *Fausto*, embora não chegasse a ser pessoalmente um modelo de humildade, sentiu-se tão atraído por essa característica de Filipe que lhe chamava o «meu santo», e chegou a escrever um relato sobre ele, que intitulou *O santo humorista*. Nessa crônica, conta-nos com admiração um episódio divertido e significativo, que ouviu dos oratorianos na Itália:

«Comunicaram ao Santo Padre que havia num certo convento da *campagna* romana uma freira que fazia milagres. O Pontífice incumbiu o nosso santo de averiguar o que havia de verdadeiro naquele caso, que já adquirira certa notoriedade. Filipe montou imediatamente na sua mula, pronto para cumprir a tarefa, e já estava de volta muito antes do que o Papa imaginara. Percebendo um gesto de estranheza no seu senhor espiritual, Filipe esclareceu-o com estas palavras:

«"Santíssimo Padre, essa mulher não faz os tais milagres, pois falta-lhe a primeira das virtudes cristãs: a humildade. Cheguei ao convento bastante desfeito pelo caminho e pelo mau tempo. Em vosso nome, mandei chamá-la e, quando chegou, à guisa de saudação, estendi-lhe as botas, pedindo-lhe que me descalçasse. Ela recuou asqueada e, feita uma fúria, perguntou-me por quem a tomava, que ela era serva do Senhor, mas não do primeiro que lá chegasse com a intenção de fazê-la de escrava... Quanto a mim, levantei-me com toda a paz, montei na minha mulinha e aqui me tendes, convencido de que não é preciso submetê-la a mais provas".

«Rindo, o Pontífice assentiu às suas palavras»[69].

Comentava ainda o poeta alemão que «semelhante conduta, viva e curiosa, não podia deixar de chocar as pessoas e, em algumas ocasiões, de ser-lhes incômoda e antipática». No entanto, acrescenta, «facilmente compreenderemos como semelhante modo de proceder tinha que mostrar-se eficaz e poderoso, uma vez que assim se impunham — mediante o amor — a humildade e a obediência, que conferem ao íntimo querer do homem a enorme força necessária para manter-se íntegro em quaisquer circunstâncias exteriores, para suportar qualquer tipo de acontecimento»[70].

O que escapou aos olhos de Goethe era que Filipe queria essa humildade da vontade não por almejar uma espécie de invulnerabilidade interior, mas para torná-la desprendida de si e, por isso, capaz de corresponder ao amor de Deus. A Pietro Consolini sugeriu este lema: «Caridade, Humildade, Amor, humildade». Nas *Massime*, escreveu: «Amor e alegria, ou amor e humildade, este deveria ser o nosso lema»[71].

Mesmo quando as piadas e as troças de Filipe tinham por objeto outras pessoas, visavam sempre fomentar nelas a humildade para abrir caminho ao amor de Deus. Assim, quando o solene Gallonio teve de pregar um retiro no aristocrático convento de Tor de Specchi, foi instruído expressamente pelo santo a abrir a batina e mostrar como estava remendada a camisa que usava por baixo. E um dos seus filhos prediletos, Pietro Consolini, que estava encarregado de pregar um sermão durante o carnaval, foi dispensado dessa tarefa por Filipe e incumbido de preparar um «lunário» espirituoso, um livreto sobre as fases da lua com previsões absurdas e comentários jocosos. O encarregado de organizar os sermões, pe. Manni, furioso e agitado, foi correndo falar com Filipe que, em tom muito grave, lhe respondeu que Consolini estava realizando uma tarefa importantíssima e não deveria ser perturbado de forma alguma. Percebendo a piada e a intenção do santo, Manni começou a rir e não se preocupou mais. Como se pode imaginar, não aconteceu nenhuma «catástrofe», e diz-se que o tal «lunário» chegou até aos aposentos do Papa, que se divertiu muito ao lê-lo.

«O santo Espírito de Deus só mora nos corações puros e simples»[72], escreveu o santo. E foi por querer educar os seus oratorianos nesse espírito de pureza e simplicidade alegre que inculcou neles o desprendimento de si. Se se fosse contar todas as ideias «com que Filipe levava os outros a rirem de si mesmos, não se terminaria nunca»[73], escreve Bacci.

* * *

Dizia alguém que «brincar é que é o verdadeiro fim da existência humana. A terra é uma escolinha infantil, com tarefas que é preciso realizar. O céu é um *playground*». Ao contrário do que poderíamos ser tentados a pensar, são os homens graves e sérios, empenhados em «questões importantíssimas», os mais ocos e superficiais. Em contrapartida, o bom humor, a alegria e o otimismo de Filipe Néri refletem a atitude interior de alguém que, sem deixar de realizar todas as tarefas concretas que tinha entre as mãos, soube de certa forma «antecipar o céu».

Na sua infância reconquistada à força de humildade, Filipe fez-se transparente para Deus e para os homens. No seu ardente amor ao Espírito Santo, aprendeu a discernir na dança dos acontecimentos — cotidianos ou históricos, minúsculos ou transcendentes, «maus» ou «bons» — a melodia eterna do Amor, sempre risonho e criador. E na sua íntima união com Cristo, pôde encarnar para os seus contemporâneos e para todos os homens o rosto do Senhor, que, através do véu de lágrimas e de sangue da Paixão, nos contempla com infinita compreensão, misericórdia e paciência — com um sorriso de acolhimento e de perdão.

De Santa Teresa se diz que «a língua castelhana lhe sorria pelas covinhas do rosto». Todos os santos, de uma forma ou de outra, experimentaram essa alegria transbordante que nasce somente de Deus Criador e Redentor, e somente nEle pode ser encontrada. Através dos lábios, do rosto e dos olhos brilhantes de Filipe Néri, era Deus quem sorria aos homens.

«ARDIA DE AMOR»...

Talvez imaginemos que Filipe gozasse de uma saúde de ferro para suportar tanta azáfama — confissões, reuniões do Oratório, construção da *Chiesa Nuova*, novas fundações, encargos pontifícios —, mas a realidade não era bem essa. Já aos sessenta anos parecia um ancião, tão desgastada estava a sua constituição física.

Numa manhã de 1586, foi encontrado inconsciente no quarto e os médicos tiveram que fazer enormes esforços para reanimá-lo. Recebeu a Unção dos Enfermos e temia-se já o pior. No entanto, no dia seguinte estava completamente restabelecido. Essa asfixia passageira, porém, e a doença que teve no ano seguinte contribuíram para envelhecê-lo ainda mais; às vezes, não podia participar das reuniões da comunidade, e até tomar uma refeição custava-lhe muito. Mesmo assim, continuava a ouvir confissões e a atender todos os que recorriam a ele em busca de consolo ou de ajuda. Lê-se numa carta da época que «no que diz respeito ao descanso das tarefas físicas e da alma, parece-me impossível que ele pare enquanto puder respirar»[74].

Clemente VIII tomou a iniciativa de dispensá-lo da leitura do breviário, que todos os sacerdotes têm obrigação de fazer cotidianamente, mas o santo nunca quis deixá-la. Quando o seu estado de saúde piorou ainda mais e os médicos reforçaram a proibição, queixou-se e fazia com que algum dos seus oratorianos o lesse em voz alta para poder acompanhá-lo. Foi nessa época, em 1590, que chegou ao Oratório Pietro Consolini, que o acompanharia a partir de então nas suas últimas caminhadas por Roma, amparando-o pelo braço e ouvindo-lhe o relato das suas confidências mais íntimas.

Em 1594, a febre e a tosse aumentaram, e Filipe teve que permanecer acamado por longo tempo. O papa mantinha-se permanentemente informado, cardeais, bispos e outras personalidades não cessavam de ir e vir à *Chiesa Nuova* para visitá-lo. No meio de todo o sofrimento causado pela doença, o santo gritava às vezes: «Quem deseja qualquer coisa diferente de Deus está em erro. Quem ama algo que não seja Deus, comete um erro terrível!»[75]

Os que o acompanhavam puderam presenciar, certo dia, a seguinte cena: deitado no leito, o santo, admirado, soltou uma exclamação: «Senhora, minha Mãe Santíssima! Senhora, minha Mãe bendita!» Depois, entre lágrimas, iniciou um delicado colóquio com a Mãe de Deus:

«Não, não sou digno...» Esquecera-se de que não estava sozinho, soerguera-se na cama e abrira os braços como se quisesse abraçar alguém. Tornou a si quando os médicos lhe dirigiram a palavra, e imediatamente perguntou-lhes se não tinham visto a *Madonna*. A seguir, disse-lhes, totalmente convencido: «Não necessito mais de vós. A Senhora veio e curou-me». Com efeito, pareceu restabelecer-se por completo mais uma vez[76].

Mas os meses foram passando e a febre voltou. No dia 12 de maio de 1595, teve uma forte hemorragia, ficou muito pálido e o pulso quase desapareceu. Estava como morto. Baronio administrou-lhe a Unção dos Enfermos e o cardeal Borromeu levou-lhe a comunhão. Mas voltou a sentir-se melhor e chegou mesmo a retomar as confissões. Desta vez, porém, pedia a todos os seus penitentes que rezassem um terço por ele, pois «todos pensam que sarei, mas ainda estou doente».

Mais uma vez, Filipe tinha razão. Chegou o dia 25 de maio, festa de *Corpus Christi*. O dia correu normalmente, mas o santo parecia pressentir o que aconteceria e desempenhou com especial amor e intensidade todas as suas tarefas: a missa, as confissões, a atenção das pessoas que o visitaram. Um detalhe curioso e insólito é que, em vez de apenas rezar o *Glória* durante a celebração da missa, como era seu costume, decidiu cantá-lo, e o fez com grande alegria e devoção. Um dos que se confessaram com ele nesse dia foi o cardeal Cusano, a quem Filipe acompanhou até as escadas que desciam do quarto. O santo apertou-lhe a mão e olhou-o afetuosamente, como se se despedisse para sempre do amigo. Depois disso, e mesmo depois do jantar, continuou a atender aqueles que o procuravam.

Foi deitar-se às onze horas, «três da noite» segundo a contagem da época.

Quando o informaram da hora, disse pensativamente: «*Tre e tre fanno sei, e poi andremo*» («Três e três são seis, e a seguir vamos embora»). À uma da madrugada, começou a andar pelo quarto; o padre Antônio Gallonio, que dormia no quarto imediatamente inferior, ouviu os passos e foi ver o que acontecia. Filipe tinha voltado a deitar-se e tossia levemente. Gallonio perguntou-lhe como se sentia: «Antônio, estou partindo», foi a resposta.

Todos os seus filhos espirituais foram chamados às pressas, e os médicos ainda tentaram fazer o que podiam. «Não vos canseis com esses remédios. Estou morrendo», foi o seu comentário lacônico. Com todos os oratorianos da *Chiesa Nuova* ajoelhados em torno do seu leito, Césare Baronio, o superior da casa, recitou a oração dos moribundos e ainda teve tempo de pedir: «Padre, o senhor está indo sem nos dizer uma palavra? Dê--nos pelo menos a sua bênção».

A essas palavras, Filipe abriu os olhos, olhou para o alto por um bom tempo e depois dirigiu o olhar para os seus filhos, num gesto de quem pedia a bênção de Deus para eles e para todos os que viriam no futuro. E sem outro movimento adormeceu serenamente no Senhor. Eram as duas da manhã: *sei ore*[77].

Nesse dia, o cardeal Federigo Borromeu anotou no seu diário: «O santo ardia de amor»[78]. Bela conclusão e belo resumo para uma vida.

* * *

Amanhecia o dia 12 de março de 1622. Filipe morrera havia vinte e sete anos, as Constituições tinham sido aprovadas havia dez, o Oratório estava espalhado por várias cidades italianas e também por outros países. Na majestosa Basílica de São Pedro, em Roma, celebrava-se uma cerimônia excepcional, de uma grandiosidade que jamais será esquecida pela cristandade. O papa Gregório XV elevava aos altares cinco novos santos. Eram eles Santo Isidro Lavrador, Santo Inácio de Loyola, Santa Teresa de Ávila, São Francisco Xavier e São Filipe Néri.

Cinco nomes, cinco personalidades completamente diversas, cinco exemplos diferentes de como realizar no tempo e nas circunstâncias de cada um a imitação de Cristo. Na oração sobre as oferendas da missa de São Filipe Néri, que se celebra todos os anos no dia 26 de maio, a Igreja pede a Deus que «nos prestemos a servir sempre com alegria a glória do Teu nome e o bem do próximo». É um resumo muito simples e muito denso, bem ao gosto de Filipe, do que ele tem a dizer-nos pessoalmente.

Ao terminar estas páginas, bem podemos imaginar que, no meio da multidão de alguma cidade grande, um amável ancião se aproxima de nós com toda a simplicidade. Nos seus olhos enxergamos um resplendor que, sem sabermos bem por quê, nos comove e nos cativa. E, abrindo um sorriso que não admite réplica, o humilde *Pippo buono* põe-nos a mão sobre o ombro e nos convida afavelmente: «Então, caro amigo, quando é que começaremos a amar a Deus?»

QUADRO CRONOLÓGICO

1515   Nasce Filipe Néri a 21 de julho e é batizado no dia seguinte.

1520   Morre Lucrezia di Masciano, mãe de Filipe. *No mesmo ano, Lutero rompe com Roma. Carlos V ordena o Saque de Roma (1527).*

?1532   Filipe muda-se para San Germano.

?1533   Filipe Néri muda-se para Roma. *Em 1537, Santo Inácio (1491-1556) funda a Companhia de Jesus. Martírio de São Thomas More e São John Fisker (1535).*

1544   «Pentecostes» de Filipe. *Início do Concílio de Trento (1545).*

1551   Filipe ordena-se sacerdote. Cerca de 1553, início organizado da Visita às Sete Igrejas.

1554   Início das reuniões do Oratório. *Paulo IV, papa (1555-1559).*

1558 Filipe torna-se membro da Confraria da Caridade. *Santa Teresa de Ávila funda o primeiro Carmelo reformado (1562).*

1563 Doença de Filipe (chega a receber a Unção dos Enfermos). *Conclusão do Concílio de Trento.*

1564 Os oratorianos vão para San Giovanni dos florentinos. *São Pio V, papa (1566-1572). Gregório XIII, papa (1572-1585).*

1575 Tentativa frustrada de fundar um Oratório em Milão. Primeira pedra da *Chiesa Nuova*. Reconhecimento canônico da Congregação do Oratório (15 de julho).

1577 Os oratorianos passam a residir na *Chiesa Nuova*.

1583 Filipe muda-se para a *Chiesa Nuova*.

1584 Primeiros oratorianos em Nápoles. *Sixto V, papa (1585-1590).*

1586 Asfixia que quase leva Filipe à morte. Depois dela, o seu estado de saúde piora muito.

1588 Escrevem-se as Constituições, aprovadas por todos os membros.

1590	Término da construção da *Chiesa Nuova;* a decoração se fará ao longo do século seguinte. *Clemente VIII, papa (1592-1605).*
1593	Tarugi é nomeado bispo de Avinhão.
1593	Filipe deixa de ser Preposto. Baronio é eleito por unanimidade.
1595	Morre Filipe a 26 de maio.
1596	Baronio é feito cardeal.
1612	As Constituições são aprovadas pelo Papa a 24 de fevereiro.
1622	Filipe é canonizado a 12 de março.

NOTAS

(1) Rita Delcroix, *Filippo Néri, il santo dell'alegria*, Newton Compton Editori, Roma, 1989, pág. 15; (2) Delcroix, pág. 16; (3) Paul H. Türks, *Fillippo Néri: una gioia contagiosa*, Città Nuova Editrice, Roma, 1991, pág. 85; (4) cf. Daniel-Rops, *A Igreja da Renascença e da Reforma*, vol. 2: *A Reforma católica*, Quadrante, São Paulo, 1998, cap. II, par. *Um cadáver despedaçado*; (5) L. Ponnelle e L. Bordet, *San Filippo Néri e la società romana del suo cordi (=MR)*, trad. de Faber, 476/29 (7) cf. Türks, pág. 37; (8) Türks, pág. 44; (9) Ponnelle-Bordet, pág. 203; (10) *Il primo processo per San Filippo Néri*, Biblioteca Apostólica Vaticana, 1957, vol. I, pág. 235; cf. Türks, pág. 34; (11) cf. Ludwig von Pastor, *Storia dei Papi*, Roma, 1914, vol. IX, pág. 20; (12) Ponnelle-Bordet, pág. 98; (13) Türks, pág. 54; (14) Türks, pág. 87; (15) Türks, pág. 53; (16) Giuseppe de Libero, *Vita di San Filippo Néri Apóstolo di Roma*, Tip. Italo-orientale San Nilo, Grottaferrata, 1960, pág. 145; (17) P.G. Bacci, *Vita di San Filippo Néri*, Roma, 1622, II, pág. 75; (18) *MR*, 100; (19) John H. Newman, *Sermons on various occasions*, pág. 12; (20) A. Gallonio, *Vita del beato Filippo Néri fiorentino*, Roma, 1601, pág. 21; (21) *MR*, trad. de Faber, 450/6; (22) cf. Türks, pág. 63; (23) Türks, págs. 62-63; (24) Gallonio, pág. 64;

(25) Ponnelle-Bordet, pág. 171; (26) *MR*, trad. de Faber, 471/22; (27) cf. Türks, pág. 167; (28) Ponnelle-Bordet, pág. 214; (29) cf. Türks, pág. 94; (30) Libero, pág. 215; (31) Ponnelle-Bordet, pág. 230; (32) Libero, pág. 216; (33) cf. Daniel-Rops, *A Igreja da Renascença e da Reforma*, vol. 2, cap. III, par. *A era dos fanatismos*; (34) Delcroix, pág. 199; cf. Türks, págs. 190-191; (35) Türks, págs. 137-138; (36) Türks, pág. 220; cf. *Código de Direito Canônico*, cân. 731, § 1°; (37) *MR*, 49; (38) *Carta* de 13.01.1580, em Ponnelle-Bordet, pág. 382; (39) *Primo processo*; cf. Türks, pág. 185; (40) Türks, pág. 185; (41) Türks, pág. 178; (42) Libero, pág. 145; Türks, pág. 54; (43) Ponnelle-Bordet, pág. 136; (44) cf. Türks, pág. 164; (45) Türks, pág. 163; (46) Ponnelle-Bordet, pág. 117; (47) Türks, pág. 174; (48) Ponnelle-Bordet, pág. 578; (49) Ponnelle-Bordet, pág. 98; (50) *MR*, trad. de Faber, 477/11; (51) *MR*, trad. de Faber, 470/10; (52) cf. Türks, pág. 32; (53) *Primo processo*; cf. Delcroix, págs. 161-163; (54) cf. Delcroix, págs. 134-135; (55) *MR*, trad. de Faber, 456/27; (56) Delcroix, pág. 199; (57) *MR*, trad. de Faber, 440/15; (58) cf. Türks, pág. 179; (59) Filipe Néri, *Ricordi*, 13; (60) Alfonso Capecelatro, *La vita di San Filippo Néri*, 1874, pág. 314; (61) Ponnelle-Bordet, pág. 132; (62) Türks, pág. 103; (63) cf. Türks, pág. 80; (64) *MR*, *14*; (65) Frederick William Faber, *Spirit and genius of Saint Philip Néri*, 59; (66) *Primo processo*; cf. Türks, pág. 27; (67) cf. Delcroix, pág. 143; (68) cf. Türks, pág. 168; (69) Goethe, *Filipe Néri, ei santo humorista*, em *Obras completas*, Aguilar, Madrid, vol. III, págs. 328-329; (70) Goethe, pág. 328; (71) *MR*, trad. de Faber, 452/25; (72) *MR*, trad. de Faber, 483/26; (73) Bacci, II, pág. 18; (74) cf. Türks, pág. 185; (75) Türks, pág. 195; (76) Türks, pág. 195; (77) Türks, págs. 200-201; (78) Ponnelle-Bordet, pág. 498.

Direção geral
Renata Ferlin Sugai

Direção de aquisição
Hugo Langone

Produção editorial
Sandro Gomes
Juliana Amato
Gabriela Haeitmann
Ronaldo Vasconcelos
Roberto Martins

Capa
Gabriela Haeitmann

Diagramação
Sérgio Ramalho

ESTE LIVRO ACABOU DE SE IMPRIMIR
A 01 DE JUNHO DE 2024,
EM PAPEL OFFSET 75 g/m^2.